para falar com
DEUS

Solicite nosso catálogo completo, com mais de 500 títulos, onde você encontra as melhores opções do bom livro espírita: literatura infantojuvenil, contos, obras biográficas e de autoajuda, mensagens espirituais, romances palpitantes, estudos doutrinários, obras básicas de Allan Kardec, e mais os esclarecedores cursos e estudos para aplicação no centro espírita – iniciação, mediunidade, reuniões mediúnicas, oratória, desobsessão, fluidos e passes.

E caso não encontre os nossos livros na livraria de sua preferência, solicite o endereço de nosso distribuidor mais próximo de você.

Edição e distribuição

EDITORA EME
Caixa Postal 1820 – CEP 13360-000 – Capivari – SP
Telefones: (19) 3491-7000 | 3491-5449
Vivo (19) 99983-2575 ❂ | Claro (19) 99317-2800
vendas@editoraeme.com.br – www.editoraeme.com.br

José Lázaro Boberg

para falar com DEUS

Capivari-SP
– 2016 –

© 2016 José Lázaro Boberg

Os direitos autorais desta obra foram cedidos pelo autor para a Editora EME, o que propicia a venda dos livros com preços mais acessíveis e a manutenção de campanhas com preços especiais a Clubes do Livro de todo o Brasil.

A Editora EME mantém, ainda, o Centro Espírita "Mensagem de Esperança" e patrocina, junto com outras empresas, a Central de Educação e Atendimento da Criança (Casa da Criança), em Capivari-SP.

2ª reimpressão – julho/2016 – de 4.001 a 5.000 exemplares

CAPA | André Stênico
DIAGRAMAÇÃO | Abner Almeida
REVISÃO | Lidia Cury

Ficha catalográfica

Boberg, José Lázaro
 Para falar com Deus / José Lázaro Boberg – 2ª reimp. jul.
2016 – Capivari-SP Editora EME
176 p.

1ª edição : ago. 2010
ISBN 978-85-7353-445-0

1. Literatura Espírita. A Presença de Deus.
2. Autoajuda. Construindo a alma.

CDD 133.9

SUMÁRIO

Introdução 9
Deus – Eurípedes Barsanulfo 15
Acalma-te 19
1. PERTURBAÇÃO 21
2. SERENIDADE 31
3. FORÇAS TRANQUILAS 39
4. TRABALHO SILENCIOSO 53
5. O DIA DE HOJE 63
6. EXASPERAÇÃO 75
7. GRITARIA 83
8. CONFIA SEMPRE 91
9. CORAÇÕES ENVENENADOS 101
10. AQUIETA-TE O CORAÇÃO 109
11. DAR TEMPO AO TEMPO 119

12. A LUZ DOMINA AS TREVAS.. 129
13. TUDO PASSA... 139
14. ACALMA-TE... 149
15. TUDO É POSSÍVEL... 155
16. REFUGIANDO EM DEUS... 163
Referências bibliográficas.. 173

Reflexões sobre a lição *Acalma-te*, ditada por Emmanuel, através da psicografia de Francisco Cândido Xavier, no livro *Palavras de vida eterna*, editado pela Comunhão Espírita Cristã-MG.

INTRODUÇÃO

Pensamos muito sobre qual título daríamos a este livro, já que o nosso propósito foi, conforme expusemos no introito, desenvolver reflexões sobre o texto *Calma*, do Espírito Emmanuel, vazado pela mediunidade de Francisco Cândido Xavier, no livro *Palavras de vida eterna*, editado pela Comunhão Espírita Cristã. Fundamentado nessa mensagem, tencionávamos produzir algumas reflexões, instrumentalizando o leitor de recursos para harmonizar-se. Nestas cogitações, lembramo-nos da recomendação de Jesus de que, diante das tribulações do mundo, entrássemos nos aposentos da alma, isolando-nos de todo barulho e, em secreto, falássemos com Deus na intimidade. Veio-nos, então, a inspiração de intitulá-lo de *Para fa-*

lar com Deus, já que a calma é condição sine qua non para a conexão com Ele.

Decidido o título, começamos a escrever nossas reflexões. Qual não foi a surpresa, quando estávamos no último capítulo deste livro, cai em nossas mãos um artigo de um jornal espírita, no qual a articulista Márcia Queiroz Silva Baccelli faz comentários sobre a música de Gilberto Gil, cujo nome "curiosamente" é Se eu quiser falar com Deus, que, aliás, apesar de ter sido escrita nos anos 80, século XX, nunca havíamos parado para analisar. Seu conteúdo expressa, de certa forma, o teor de nossas reflexões. Parece-nos que as coisas vão se encaixando, de tal sorte, que, de uma forma ostensiva ou velada, "os Espíritos participam de nossos pensamentos, muito mais do que imaginamos" (O Livro dos Espíritos, Questão 459), inspirando-nos ideias que possam contribuir para o processo de sintonia com Deus. Assim, cremos que o próprio título teve 'sopro' deles.

Nosso intuito foi, ao escrever as reflexões, registrar sugestões suaves e consoladoras, que trouxessem calma ao coração aflito, e conscientização de que, mesmo diante das difíceis situações que estejamos defrontando, nunca estamos sós! Quando pensamos que não existe mais saída para o problema, vamos encontrar sim, em pleno deserto das aflições, um *oásis* para saciar a *fome e sede de justiça*, com o alinhamento de Deus, bem juntinho de nós. Através do mecanismo da fé e da oração, *esvaziamo-nos* das sombras das adversidades, produzindo silêncio na alma. Começamos, então, a ouvir Sua voz... Ele está conosco sempre, aguardando, tão-somente condições de *calma* para preencher o vazio interior, com a água pura da paz. Assim, diz o poeta:

"Se eu quiser falar com Deus
Tenho que ficar a sós.
Tenho que apagar a luz
Tenho que calar a voz.
Tenho que encontrar a paz..."

As reflexões deste livro são sugestões para que a criatura possa 'sentir' a presença de Deus, independentemente da crença que professa. Afinal, Deus não escolhe religião, mas o coração. Cerrando os olhos, apagando as luzes, fechando os ouvidos, calando a própria voz, no silêncio, ouviremos somente a Sua voz, consolando-nos. Tenhamos certeza de que nossas almas serão preenchidas pela *paz que o mundo não pode dar*, na expressão de Jesus. Ele é abundância plena, e cada um de nós capta esta abundância na proporção que o coração permita. Você entenderá que, uma vez em sintonia com essa Inteligência Suprema, venceremos as nossas forças combalidas e, preenchidos dessa Energia, superaremos as aflições.

Ao meditarmos sobre estas mensagens conscientizar-nos-emos de que Deus está sempre em nosso íntimo, e de que age por nós através de Suas leis. Precisamos exercitar a capacidade de acioná-Lo para receber a inspiração oportuna e aquisição de recursos para suplantarmos as nossas desditas. Quando conseguimos harmonia interior, os sons do mundo se apagam, as distrações se aquietam. Entrando em meditação, poderemos contemplar o divino, experimentando Sua inefável presença. Quando estivermos cansados e encontrarmos dificuldades de conexão com Ele, procuremos auxílio no relaxamento mental. Ouçamos uma música suave; respiremos fundo; imaginemo-nos expelindo todos os distúrbios emocionais, como o ódio, a mágoa, o ressentimento, a ansiedade, entre outros, e depois ao conseguirmos nos *acalmar*, poderemos falar com Ele, no altar íntimo.

Com reflexão apurada, compreenderemos a nossa real importância perante o Universo, e o porquê de Deus não ter escolhido um paraíso para morar, mas sim, um local dentro de nós mesmos. Embora já esteja petrificada a ideia do Deus 'apartado' da criatura, Ele não está afastado de ninguém; Sua morada é o templo da alma. Vale a pena insistir no ensino do Mestre: "O Reino de Deus está dentro de vós". A identificação com Ele é processo de construção íntima, que ninguém pode fazer por terceiros. Todos os dias, pela ação no bem e eliminação das imperfeições, abriremos espaço para essa familiaridade com Ele. E, assim, paulatinamente, construiremos, cada um a seu tempo, a morada d'Ele no céu interior, onde, no dizer de Jesus, "nem a traça nem a ferrugem os consomem, e onde os ladrões não minam nem roubam".

Que possamos, com a análise e aplicação dos conceitos aqui expostos, nos fortalecer, passo a passo, num *continuum* infinito, pela superação dos naturais obstáculos e embates, dificuldades e provas, que, como testes necessários, nos iluminam na marcha evolutiva para um amanhã, sempre mais feliz.

José Lázaro Boberg
jlboberg@uol.com.br

DEUS

O Universo é obra inteligentíssima: obra que transcende a mais genial inteligência humana. E, como todo efeito inteligente tem uma causa inteligente, é forçoso inferir que a do Universo é superior a toda inteligência.
É a inteligência das inteligências;
a causa das causas; a lei das leis;
o princípio dos princípios;
a razão das razões; a consciência das consciências:
É DEUS. Deus! nome mil vezes santo, que Newton jamais pronunciava sem se descobrir!
Deus! Vós que vos revelais pela natureza, vossa filha e nossa mãe, reconheço-vos eu, Senhor,
na poesia da criação; na criança que sorri;

no ancião que tropeça; no mendigo que implora;
na mão que assiste; na mãe que vela;
no pai que instrui; no apóstolo que evangeliza!
Reconheço-vos eu, Senhor, no amor da esposa,
no afeto do filho, na estima da irmã;
na justiça do justo; na misericórdia do indulgente;
na fé do pio; na esperança dos povos;
na caridade dos bons; na inteireza dos íntegros!
Deus! Reconheço-vos eu, Senhor,
no estro do vate; na eloquência do orador;
na inspiração do artista; na santidade do moralista;
na sabedoria do filósofo; nos fogos do gênio!
Deus! Reconheço-vos eu, Senhor,
na flor dos vergéis; na relva dos vales;
no matiz dos campos; na brisa dos prados;
no perfume das campinas; no murmúrio das fontes;
no rumorejo das franças; na música dos bosques;
na placidez dos lagos; na altivez dos montes;
na amplidão dos oceanos; na majestade do firmamento!
Deus! Reconheço-vos eu, Senhor,
nos lindos antélios; no íris multicor;
nas auroras polares; no argênteo da lua;
no brilho do sol; na fulgência das estrelas;
no fulgor das constelações!
Deus! Reconheço-vos eu, Senhor,

na formação das nebulosas; na origem dos mundos; na gênesis dos sóis; no berço das humanidades; na maravilha, no esplendor, no sublime do infinito!

Deus! Reconheço-vos eu, Senhor, com Jesus, quando ora: "PAI NOSSO QUE ESTAIS NOS CÉUS..."

Ou com os anjos, quando cantam: "GLÓRIA A DEUS NAS ALTURAS..."

Eurípedes Barsanulfo
(Reencarnado em 1º de maio de 1880, na cidade de Sacramento-MG, e desencarnado em 1º de novembro de 1918).

ACALMA-TE

> "... A Deus tudo é possível..."
> – Mateus, 19:26.

Seja qual for a perturbação reinante, acalma-te e espera, fazendo o melhor que possas.

Lembra-te de que o Senhor Supremo pede serenidade para exprimir-se com segurança.

A terra que te sustenta o lar é uma faixa de forças tranquilas.

O fruto que te nutre representa um ano inteiro de trabalho silencioso da árvore generosa.

Cada dia que se levanta é convite de Deus para que Lhe atendamos à Obra Divina, em nosso próprio favor.

Se te exasperas, não Lhe assimilas o plano.

Se te afeiçoas à gritaria, não Lhe percebes a voz.

Conserva-te, pois, confiante, embora a preço de sacrifício.

Decerto, encontrarás ainda hoje, corações envenenados que destilam irritação e desgosto, medo e fel.

Ainda mesmo que te firam e apedrejem, aquieta-te e abençoa-os com a tua paz.

Os desesperados tornarão à harmonia, os doentes voltarão à saúde, os loucos serão curados, os ingratos despertarão...

É da Lei do Senhor que a luz domine a treva, sem ruído, sem violência.

Recorda-te que toda dor, como toda nuvem, forma-se, ensombra-se e passa...

Se outros gritam e oprimem, espancam e amaldiçoam, acalma-te e espera...

Não olvides a palavra do Mestre quando nos afirmou que a Deus tudo é possível, e, garantindo o teu próprio descanso, refugia-te em Deus.

(Página recebida pelo médium Francisco Cândido Xavier, do livro *Palavras de vida eterna*, edição Comunhão Espírita Cristã.)

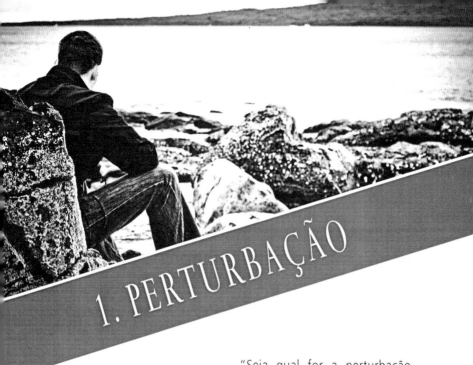

1. PERTURBAÇÃO

"Seja qual for a perturbação reinante, acalma-te e espera, fazendo o melhor que possas".

Muitas vezes, encontramo-nos diante de situações perturbadoras, que parecem não ter mais fim; somos tomados por desespero profundo e avassalador, solapando, naquele momento, as nossas mínimas esperanças... Todos nós, no processo de aprendizagem, somos chamados a defrontar situações tão díspares. Parece que o mundo vai acabar e muitos, no desespero, chegam a clamar pela morte, ou, ainda num ato tresloucado, o coração doentio pensa em fugir da vida, pelas 'portas dos fundos', através do suicídio; julgam que, com essa decisão, deixarão para trás todos os problemas, quando, na realidade, estes se agravam muitíssimo. Temos, então, dois caminhos: *estacionar* ou *agir*. *Estacionar* significa entregar os pontos, dizer 'não' à luta, demonstrar que perdemos a batalha. *Agir* é colocar em ação os potenciais divinos, mantendo acesa a chama da esperança, mesmo diante de obstáculos que nos parecem intransponíveis.

As situações impactantes com que nos defrontamos, apresentam-se sob os mais variados matizes: perda de um ente querido, abandono do lar por um dos cônjuges, destituição de um cargo, prejuízo financeiro, filhos-problema, uma doença crônica que zomba dos melhores remédios prescritos pelos mais competentes médicos, dentre tantos outros imprevistos que nos amargam a existência. Nem sempre estamos 'maduros' para entender a situação por que estamos passando. E diante disto, se ainda não atingimos o estado de prontidão suficiente para encarar o impasse, entramos em perturbação, e nos fechamos para o que a vida tem de melhor a nos oferecer. Quantas vezes não somos colocados em situações semelhantes e, por falta de entendimento dos objetivos reais da vida, sem o apoio decisivo de um bondoso amigo, estamos prestes para entregar os pontos? Mas uma luz refulge em nosso interior, e uma voz silenciosa sussurra em nossa alma, dizendo-nos: "Buscai e achareis"; porque todos os que buscam, acham... Assim proclamou Jesus no Sermão do Monte...

Segundo o modo de ver terreno, a máxima: *Buscai e achareis*, é semelhante a esta outra: *Ajuda-te e o céu te ajudará*. É o princípio da *lei do trabalho*, e, por conseguinte, da *lei do progresso*. Porque o progresso é o produto do trabalho, desde que é este que põe em ação as forças da inteligência.[1] O alerta coloca-nos na posição de manter acesas as esperanças, jamais esmorecendo. Assim, o aforismo "Ajuda-te que o Céu te ajudará", significa que não devemos nos acomodar à espera de um "pretenso milagre", e sim, erguer a cabeça, apesar dos problemas, fazendo o melhor que pudermos naquele momento. É nesse sentido que o "Céu nos ajudará". O Céu – força divina gravada em nossa consciência – dispõe em abundância tudo de que necessitamos para termos uma vida feliz e saudável. Quem lutar até o fim vencerá, alertou Jesus de Nazaré. A própria espiritualidade jorra energias, através de sugestões mentais, para que nos sintamos

---
1 KARDEC, Allan. *O Evangelho segundo o Espiritismo*, cap. 25, item 2.

fortalecidos a continuar a jornada de evolução, rumo ao Infinito. Mas é preciso que ofereçamos uma base para que os amigos espirituais encontrem canalização vibratória para se manifestarem.

Quando estamos em desequilíbrio espiritual, necessitamos de um ombro amigo, de alguém que nos possa ouvir – coisa que, por nosso lado, nem sempre estamos dispostos a fazer, às vezes por estarmos, em silêncio, também atravessando uma fase difícil em nossa vida particular –, oferecendo-nos palavras de consolo e de segurança, mostrando-nos novos rumos, novas perspectivas. Quando atingimos o paroxismo do desespero perturbador, geralmente não temos forças, por nós mesmos, para rasgar as nuvens escuras que povoam a mente, e para encarar o problema por outros ângulos. Aí, então, entram em ação vários recursos que nos ajudam no reequilíbrio: psicólogos, orientadores religiosos, pessoas de nossa confiança, dentre tantos outros. Mas, não nos iludamos porque, se as ajudas externas de aconselhamento são importantes, a mudança de atitude e a luta para vencer esses desequilíbrios dependerão do esforço e vontade persistente de cada um.

Há, de um modo geral, uma tendência ao "comodismo" e à fuga do enfrentamento dos problemas, entregando a terceiros a solução deles. Ora, "quem lança mão do arado e olha para trás não está apto para o reino de Deus" ², ensinou Jesus. É necessário aprender com as próprias experiências. Assim como não podemos nos alimentar por um substituto, nem gravar o aprendido em memória alheia, só alcançaremos o crescimento espiritual conquistado em nossa vivência, isto é, por nós mesmos. Normalmente, o ser humano se acomoda à maneira da avenca – quer sombra e água fresca! Todavia, a lei do progresso nos impele sempre para frente, e para o mais Alto... Ninguém, mas ninguém mesmo pode fazer por outrem, aquilo que faz parte de seu roteiro de aprendizagem. Aprender é um trabalho pessoal, e cada ser é o responsável pela construção do próprio progresso.

Muitos vão à busca de uma instituição religiosa "forte", que possa solucionar-lhes, num 'passe de mágica', os problemas. Se procuram as igrejas cristãs, adoram ouvir, que "basta entregar seus problemas para Jesus", que ele vai resolver tudo! Essa igreja que é boa, afirmam! Aliás, dizem mais, que, uma vez aceitando Jesus como "Salvador", todos os "pecados" estão perdoados, pois o seu sangue derramado na cruz zera as nossas mazelas! Se procuram uma Casa Espí-

---

2 Lucas, 9:62.

rita, acostumam-se ao célebre pedido: "Façam oração por mim", ou, então, "Coloquem meu nome no livro de preces". Ou mesmo, se são simpatizantes do Espiritismo, pensam que basta "tomar passes" que os Espíritos resolverão o seu problema sem a necessidade de fazer sua parte no processo de crescimento. Querem que as mudanças espirituais ocorram por "procuração"... Almejam colher frutos sem plantar, ou, auferir juros bancários sem depositar... A vida é uma construção íntima, pela qual só nós mesmos responderemos.

É preciso compreender que soluções rápidas, simplesmente aceitando Jesus como 'salvador', sem nada fazer pela própria edificação espiritual, não leva a lugar algum! Nada ocorre "milagrosamente", sem o esforço pessoal do interessado. Não resta dúvida de que a mudança de pensamento de uma situação negativa para ideias positivas, ajuda a formação de novas redes neurais, que responderão sempre em nosso favor. É bom lembrar que tudo que "pensamos" e "desejamos" tende a plasmar na mente e, esta – que é neutra –, trabalha para a realização dos desejos do 'patrão', que é o pensamento. Por isso, saiba o que você escolhe e manda para a mente, pois, pela insistência, acaba acontecendo!... Se os pensamentos forem bons, que bom! Mas, serem forem maus, que mau!

Primeiro, é necessária a presença da "vontade' de realizar determinado objetivo, pois, "quando se deseja algo ardentemente, já se encontra a caminho de sua realização" [3]. Depois, é preciso colocar em ação os potenciais divinos de que somos portadores. No interregno entre o desejo e a consecução dos objetivos surgirão muitas inquietações, quer estejamos ainda no corpo físico, quer fora dele, pois são testes imprescindíveis para o crescimento espiritual. Asseverou Jesus que "no mundo tereis aflições". A ocorrência de eventos negativos nunca é sem razão, e, no mínimo, serve para despertamento e reordenamento de rumos. Não podemos revoltar-nos nunca, quando a eles somos submetidos. É dessa ótica que Tiago expressa: "Bem-aventurado o homem que sofre a tentação" [4]. Entendamos aqui que a tentação tem sentido de "testes" que aferem a posição em que nos encontramos. Eles são nossos educadores, impõem-nos refazimento de comportamentos contrários às Leis Divinas, instigam-nos a repensar as decisões tomadas que nos trazem distúrbios emocionais.

Assim, na realidade, mesmo diante das perturbações reinantes, temos que exercitar a mudança de

---

3   XAVIER, Francisco Cândido, pelo Espírito André Luiz. *Nosso lar*, lição 7.
4   Tiago, 1:12.

comportamento, e esperar, com *calma*, as respostas do Universo; mas esperar, não é, simplesmente, aguardar a solução, mas aguardar trabalhando, fazendo o melhor possível. Bem sabemos que o fortalecimento de nossos valores não é algo que se consiga por meio de algumas promessas ensinadas na casa religiosa, ou pela leitura de alguns livros de mensagens consoladoras. Tudo ajuda o despertar. Mas a mudança é conquista que requer treinamento diário e constante. Tudo que se refere a valores espirituais são aquisições que se realizam na ação, passo a passo, num processo infinito. Assim, as atitudes que demonstramos hoje, são reflexos do grau de maturidade que atingimos.

Diante das situações com que nos defrontamos, por mais aflitivas que se nos apresentem – jamais poderemos perder a esperança de encontrarmos uma solução para o caso. Li alhures, de um articulista de um periódico espírita que o adágio popular "a esperança é a última que morre" precisa ser repensado. Há muita gente que perdeu a esperança e está vivendo na base do "deixa a vida me levar", como expressa a canção popular. Não decidem mais nada, deixam-se, apenas, viver fisicamente, sem, no entanto, aproveitar cada momento que a vida lhes oferece. E viver assim, sem esperança, sem objetivos, é um dos maiores infortúnios para a alma. Por outro lado, se temos objetivos, continuamos tendo vida. Não importa a idade física que você tenha neste momento; comande sua existência, faça projetos, desenvolva algo que você gostaria de ter feito, e que o tempo não lhe permitiu realizar... Daí o perigo das pessoas que se aposentam do trabalho e se recolhem literalmente nos 'aposentos' da casa, em *dolce far niente*. Morrem mais cedo por falta de atividade. Preencha a vida, faça alguma coisa que lhe dá prazer, mas, não pare, não pare!... A vida não nos permite parar nem no plano físico, nem no mundo espiritual!

Assim, mesmo que você esteja, neste momento, envolvido por perturbação arrasadora, sendo atingido por tragédia, mas que realmente não é tão dramática assim, embora para você o seja, não perca a esperança. Busque na prece, no aconselhamento, nas leituras edificantes, nas sugestões sadias, nas palestras nas casas religiosas, a serena certeza de que o tempo se encarregará de curá-lo. É óbvio que isto não ocorrerá de forma abrupta, mas de maneira quase imperceptível; suas dores serão amenizadas, suas lágrimas irão secando, as feridas da alma irão se cicatrizando, e, depois de algum tempo, você encontrará o alívio e novos caminhos surgirão no horizonte. Há uma Fonte inesgotável em cada um de nós: "... aquele que beber da água que eu lhe der nunca terá sede, porque a água que eu lhe der se fará nele uma fonte de água que salta para a vida eterna" [5]. Continue trabalhando e confie na Força Divina de que você é portador...

---

5   João, 4:14.

2. SERENIDADE

"Lembra-te de que o Senhor Supremo pede serenidade para exprimir-se com segurança".

Para usufruirmos de paz e harmonia, precisamos criar condições espirituais propícias a fim de que a Fonte geradora, que está sempre *disponível* na nossa intimidade, possa se manifestar. Embora nem todos se apresentem ainda em condições de perceber, no tempo de cada um, Sua presença flui. Ela está em mim, está em você, constituindo-se no único caminho para encontrarmos a felicidade, cuja senha é a sintonia com Sua frequência. Quando, por vibração, alinhamos nesta faixa, passamos a receber as intuições e respostas de que necessitamos para preencher o vazio da alma. Na linguagem popular dizemos, de forma simbólica, que ouvimos a 'voz de Deus'. "Ele respondeu as minhas súplicas!" Na verdade, todos nós, em pequenos ou em longos momentos, *sentimos* que uma 'voz fala' dentro de nós. Não se trata de voz sonora, evidentemente, mas da captação da essência divina, fluindo pelos nossos canais espirituais, nos momentos de silêncio...

A plenitude de tudo que possamos imaginar está potencialmente latente em cada ser. Não importa o nome que damos a essa Inteligência – Deus, Universo, Todo, Águas Vivas, Tao, Brahman, Consciência Pura, Cristo Interno, dentre outros –; no entanto, a conscientização de Sua existência traz-nos a compreensão de que a melhor maneira de experimentá-La é internamente. Então, quando *sentimos* a emanação do hálito divino envolvendo-nos, é porque, na mesma proporção, eliminamos imperfeições, ampliando, por consequência, o grau de saúde e felicidade. À medida que trabalhamos no sentido da purificação, na mesma dimensão, seremos preenchidos pela Energia divina. Esta Presença cósmica é como se fosse um 'tesouro oculto', que deve ser desvelado. Não há privilégio a ninguém, cada ser tira o véu que encobre essa Luz, no seu tempo próprio. Assim, todos, sem quaisquer prerrogativas, conectarão com Deus interno.

O Universo que, na linguagem bíblica, é chamado de 'Senhor Supremo', está sempre aguardando "espaço" para preencher nosso íntimo. A cura não é consequência da presença de Deus, mas das mudanças positivas de atitudes que propiciam Sua revelação. Assim, eliminar as impurezas é a senha da cura. Desta forma, não é a presença de Deus *em potência* que cura alguém, mas a limpeza dos canais mentais é que permitem, com Sua presença, o fluxo da saúde e da felicidade. Deus está presente em todas as criaturas: boas, más, doentes de todas as espécies – portadores de câncer, paralisia, cegueira, surdez, etc. – mas, individualmente, cada um, pela ação no bem, instalará o Seu governo. A eliminação de uma doença é sempre consequência de *mudanças* de padrões mentais e não de *milagres*. Por isso o Mestre jamais arrogou a si a autoria de cura alguma, dizendo: "A tua fé te curou!" Daí o simbolismo usado por ele, em Mateus, sobre Deus: "Porque Ele faz que o seu sol se levante sobre maus e bons, e a chuva desça sobre justos e injustos"[1]. Embora todos potencialmente, sejam portadores dessa Energia, a desobstrução do canal é trabalho de cada um.

---

1   Mateus, 5:44-45.

Feitos esses esclarecimentos iniciais, você irá entender por que Emmanuel disse que "o 'Senhor da Vida' pede *serenidade* para exprimir-se com segurança". A *serenidade* é uma virtude, como tantas outras, necessária para a integração com Deus, contudo, sempre relativa, pois, trata-se de um processo contínuo de maturidade na marcha evolutiva. Quanto mais nos aperfeiçoamos, mais nos alinhamos com Ele. A serenidade se manifesta na criatura em graus diferentes, de acordo com o volume de recepção conquistado, porque "o recebido é dado ao recipiente de acordo com a sua recipiência". Daí a matemática expressão: "é dando que se recebe". Ninguém recebe mais nem menos. Essa doação não é de Deus pessoal exterior, mas do Doador da Vida, imanente em todos. Quem ainda não entendeu a mecânica da vida insiste em "receber sem dar". O Doador é de ilimitada plenitude, e o ser humano é quem limita o recebimento, com base na vacuidade construída.

O grande objetivo do Espírito, em suas peregrinações, é chegar a grau cada vez mais elevado de mansidão, de tal forma que possa enfrentar todos os obstáculos e testes com *serenidade*. Para nós, "mansidão", é sinônimo da *serenidade*. A conquista da *serenidade* é gradativa. Aliás, é de Léon Denis a afirmação de que a "natureza não dá saltos", já que as mudanças de hábitos arraigados há muito tempo, ocorrem lentamente. É um trabalho de treinamento. Muitas pessoas pensam que basta tão-somente o desejo de mudar, para que a transformação aconteça. Não é bem assim. Pensamentos positivos ajudam, como primeiro passo, mas é preciso colocar trabalho para a consecução dos objetivos desejados.

Nesta ótica, pela vontade atuante e trabalho persistente todos são merecedores. Ensina Kardec: "educar é formar novos hábitos". E isto é um processo de autoeducação. Ninguém se torna *sereno*, abruptamente, sem antes exercitar-se. Quantas vezes encontramos criaturas que, desde a infância, manifestam serenidade? Não foram os pais que a transmitiram, evidentemente. É conquista de experiências em existências anteriores. Assim, pacificação é mérito da própria criatura no enfrentamento das refregas da vida. É fruto de luta contínua, cujos resultados vão se instalando, continuamente, pelo treinamento diário. É assim, portanto, que somente quem já atingiu esta condição de "mansuetude", poderá enquadrar-se na sentença de Jesus, no Sermão do Monte: "Bem-aventurados os mansos, porque eles possuirão a Terra" [2].

---

2   Sobre essa ideia de "possuir a Terra", sugerimos a leitura de nosso livro *O segredo das bem-aventuranças*, p. 47-52.

Como e quando iniciar este treinamento? Este é um processo que podemos exercitar a partir de agora, treinando em casa, com os parentes, amigos, colegas de trabalho, procurando não nos deixar perturbar pelas pequenas coisas que nos irritam dia a dia. Com o tempo, seremos capazes de superar os problemas mais graves, bem como as situações mais difíceis. Mas não pense que isto é conquista rápida. Mesmo que estejamos decididos a mudar, surgem acidentes de percurso com as recaídas. À primeira vista, parece que conseguiremos transpor certos problemas. Mas, não pare, pois a felicidade não é um final de jornada, mas uma construção a cada curva do caminho. Ninguém herda, nem transmite felicidade. "A completa felicidade prende-se à perfeição, isto é, à purificação completa do Espírito. Toda imperfeição é, por sua vez, causa de sofrimento e de privação de gozo, do mesmo modo que toda perfeição adquirida é fonte de gozo e atenuam de sofrimentos".[3] Só depois de algum tempo é que percebemos o avanço conseguido. Na proporção que dominamos mais as irritações, a capacidade de perdoar, a não retenção de mágoas, ressentimentos, tristezas, entre outros distúrbios emocionais, certamente, manifestaremos mais *serenidade*. Vale a pena. Experimente ensaiando os primeiros passos...

---

3   KARDEC, Allan. *O Céu e o Inferno*, cap. 7, item 2

Assim, podemos definir *serenidade* como a conquista da provisão de paz necessária, que não se aprende nos livros, ou porque alguém nos ensinou em aulas, palestras ou outros recursos de comunicação. Concordamos com o psicólogo Carl Rogers quando afirma que "experiência não se transfere". Ela somente registra algo por que alguém passou. Ao superarmos os obstáculos, alcançamos a aprendizagem que se fixa em nossas redes neurais, que respondem quando enfrentamos situações semelhantes. Aliás, aprender é formar conexões nervosas. Por isso, só alcança *serenidade* quem encara situações de desafios e as suplanta. Mostrar *serenidade* quando tudo está calmo, quando nada nos contraria é fácil. "A *serenidade* não é um jardim para os dias dourados".[4] Só formamos reservas de *serenidade* diante das adversidades. Nada mais justo, portanto, que criemos um programa de obrigações que, pela prática, estratificam os alicerces da consciência tranquila. O Senhor da Vida está tão-somente aguardando o volume de capacidade, para expressar-Se com segurança.

Depende, pois, de nós a construção do Reino de Deus na intimidade. Não se iluda com promessas enganosas de que basta a prática de certos rituais, de que

---

4 XAVIER, Francisco Cândido. *Agenda cristã*, lição 29.

Jesus ou Deus fará por você tudo de que necessita. Ele aguarda – como já dissemos – a nossa disposição de melhoria, para que possa se expressar. Lembre-se de que somos dotados de livre-arbítrio e, como tais, pelas escolhas, colheremos os frutos de nossas ações. Estamos ocupando, temporariamente, um corpo físico e, pela relação com os outros, aproveitamos todo espaço possível para o nosso aperfeiçoamento. A aquisição, pois, da *serenidade* não se faz por procuração, nem a toque de mágica, mas pelo trabalho persistente, muitas vezes, duro e áspero. Esta é a senha para que a presença de Deus se manifeste em nossa intimidade.

3. FORÇAS TRANQUILAS

"A terra que te sustenta o lar é uma faixa de forças tranquilas".

Para facilitar o entendimento sobre o comportamento ideal na edificação da casa espiritual, Jesus recorre a exemplos extraídos do próprio dia a dia. Faz comparações didáticas entre os terrenos na construção da casa física, e aquele que se constrói nos aposentos da alma. O objetivo é o mesmo: garantir *tranquilidade* ao morador. Do ponto de vista da construção da casa física, recorremos aos conhecimentos técnicos de um engenheiro, que nos relaciona as precauções a serem tomadas, antes de iniciar a construção. Senão vejamos:

Há necessidade de se conhecer o perfil geológico do terreno, os tipos de solo, geralmente dispostos em camadas, que o constituem, bem como a pressão admissível de cada uma delas. Para isto, é feita uma operação chamada "sondagem de solo", que nada mais é que a cravação de um amostrador que vai retirando o solo em forma de cilindros de pequeno diâmetro para se classificar o tipo, se argila, areia, pedregulho, etc. A cada metro de profundidade, testa-se ainda a resistência oferecida pelo solo à penetração de um barrilete, que é avaliada pelo número de golpes necessários para uma quantia preestabelecida. É traçado então o perfil geológico com as informações para o técnico saber em que camada, ou camadas do solo, ele irá assentar as fundações para a sustentação de sua obra.

A escolha do tipo de fundação a ser usada é outro elemento decisivo para garantir a integridade da obra e, geralmente, procura-se baixo custo. De acordo com a carga do prédio e a resistência das camadas do solo abaixo poder-se-ão usar sapatas de concreto armado, que são construções rasas, caso as primeiras camadas sejam resistentes; estacas de concreto ou metálicas de grande profundidade, se a resistência necessária se encontrar em camadas profundas; tubulões de concreto, se a resistência for encontrada a profundidades medianas e vai por aí afora.

Outros recursos, às vezes, se fazem necessários, como o rebaixamento do nível do lençol freático através de drenagem do terreno, para se evitar, no caso de fundações rasas, que sofram recalques acima do previsto ou admissível. Ou ainda promover a retirada de grande camada do solo natural e devolvê-lo com o emprego de forte compactação, até se conseguir a resistência desejada.

De um modo geral, que talvez seja o que mais interessa, um bom terreno deve ser firme, seco, apresentar topografia plana, com pequena declividade para o escoamento das águas de chuva, apresentar um perfil geológico com resistências progressivas, com a profundidade e coisa e tal.

Veja a sequência de trabalho técnico para que a construção da casa traga segurança e *tranquilidade* ao morador. Emmanuel nos leva à reflexão, através de analogia, mostrando-nos que a construção da *calma* espiritual não é algo que se consiga tão-só por desejar; é preciso ação, colocando mãos à obra, trabalhando para a consecução desse objetivo. É neste sentido que o instrutor Lísias explica a André Luiz como a realização de nossos desejos é alcançada através da prece... Várias frases incentivadoras são pronunciadas a ele, naquele momento de recuperação, na Colônia Nosso

Lar: "É indispensável nos colocarmos em determinada posição **receptiva (grifei)**, a fim de compreender-Lhe a infinita bondade" E complementa em seguida "[...] Um espelho enfuscado não reflete a luz"... [1]

Encorajado pelo esclarecimento recebido do instrutor, com olhos brilhantes, exclamou André, resoluto: – "Desejarei, então, com todas as minhas forças... ela virá... ela virá"... Lísias sorriu com inteligência, e, como quem previne, generoso, afirmou ao despedir-se:

– "Convém não esquecer, contudo, que a realização nobre exige três requisitos fundamentais, a saber: primeiro, *desejar*; segundo, *saber desejar*; e, terceiro, *merecer*, ou, por outros termos, *vontade ativa, trabalho persistente* e *merecimento* justo". [2]

Não se trata de mero *desejo*, embora seja o primeiro passo para acionar o mecanismo da vontade; é preciso *saber desejar*, que, na realidade, deve ser interpretado como a *vontade* colocada em ação; e, por consequência, obtém-se o *merecimento* como premiação pelo trabalho despendido. Entenda-se, todavia, que esse merecimento não é gratuito, pois na vida não existem *prêmios* nem *castigos*, apenas, consequências da ação. Aliás, todos somos merecedores, mas, nada obteremos, para

---

1   XAVIER, Francisco Cândido, pelo Espírito André Luiz. *Nosso lar*, cap. 7
2   Idem, ibidem, na mesma lição.

haver consciência tranquila, sem lutas, sem abdicação, sem disciplina, sem afeto... A potencialidade divina está presente em todos os seres. Uma inversão de valores é querer ter merecimento, sem primeiro, buscar, disciplinar. Queremos colher sem ter plantado. Ninguém retira juros de caderneta de poupança, sem antes ter depositado. Na vida é assim, primeiro é preciso ter crédito para depois merecer.

Muitas pessoas vinculadas a determinadas crenças creem que basta "entregar" seus desejos a Jesus, aos Espíritos Superiores, ou a um santo de sua preferência, que os resultados em seu benefício ocorrerão, sem a necessidade de qualquer esforço, numa espécie de milagre. A Inteligência Suprema, embora se manifeste em toda natureza, de forma mecânica nos seres anteriores da escala evolutiva hominal, no homem, detentor do livre-arbítrio, ocorre pela limpeza dos entulhos psíquicos armazenados na mente.

Uma das comparações simbólicas utilizadas por Emmanuel sobre a necessidade do desenvolvimento da *calma* – condição para a manifestação de Deus – é com a preparação do terreno, dizendo que, "A terra que te sustenta o lar é uma faixa de forças *tranquilas*". Jesus, neste sentido, utilizou-se da parábola das **duas casas**: "Todo aquele, pois, que *escuta* estas minhas palavras, e as *pratica*, assemelhá-lo-ei ao homem *prudente*, que edificou a sua casa sobre a rocha. E desceu a chuva, e correram rios, e assopraram ventos, e combateram aquela casa, e não caiu, porque estava edificada sobre a rocha. E aquele que ouve estas minhas palavras, e não as cumpre, compará-lo-ei ao homem *insensato*, que edificou a sua casa sobre a areia. E desceu a chuva, e correram rios, e assopraram ventos, e combateram aquela casa, e caiu, e foi grande a sua queda. E aconteceu que, concluindo Jesus este discurso, a multidão se admirou da sua doutrina; porquanto os ensinava como tendo autoridade; e não como os escribas" [3].

Ao término dessa parábola do Sermão do Monte alerta o Mestre para a necessária *aplicação* do que lhes fora ensinado, não bastando, tão-somente *conhecer*, sem ação. Ensina ele que o aprendiz faça a própria experiência. Aquele que trabalha, mesmo diante dos naturais óbices, não ficando adstrito ao *ouvir*, mas, também, partindo para o *fazer*, colocando em prática os ensinamentos éticos e morais, está caminhando para a conquista da *tranquilidade*. Ninguém, no entanto, se iluda que isso ocorrerá de forma instantânea e fantasiosa, pela prática de alguns rituais dogmáticos. A conquista é lenta e gradual, às vezes, de forma quase imperceptível,

---

[3] Mateus 7:24-27.

porque a mudança é calcada na experiência pessoal, constituindo-se numa verdadeira batalha entre o "velho" e o "novo" homem. Este conflito contínuo entre o desejo de mudar e o confronto com os velhos hábitos incrustados na rede neural, levou Paulo, em sua famosa Carta aos Romanos, revelar: "Pois **não faço** o bem que quero, mas o mal que **não quero**, esse pratico" **(grifos nossos)**.[4] Esta verdade ocorre conosco, embora nem sempre tenhamos a coragem de revelar.

Em termos científicos, diremos que a mudança dos hábitos estereotipados nas redes neurais fixados há muito tempo, e a formação de outros, exigem tempo e persistência. Ninguém se transforma em espírito puro, abruptamente. Muitas vezes, eles se formaram já em existências anteriores. O importante é, ao detectar o erro, ter vontade de trabalhar pela modificação.

E essa transformação é um processo dolorido, pois temos de abrir mão de hábitos que já se sedimentaram em nosso comportamento e nem sempre estamos dispostos a abandoná-los. No entanto, mudar é preciso, já que a *tranquilidade* nos coloca em sintonia com Deus, e com os Espíritos mais evoluídos. Em *O Evangelho segundo o Espiritismo*, os Espíritos asseveram que: "Reconhece-se o verdadeiro espírita pela sua trans-

---

4   Romanos, 7:19.

formação moral, e pelos esforços que faz para domar suas más inclinações".[5] Para nós, em vez de *verdadeiro espírita*, para universalizar o ensinamento, diremos: Reconhece-se o "verdadeiro homem de bem...", porque, afinal, independente de religião, todos são convidados a esse processo de domínio das más inclinações para que ocorra a transformação moral.

Jesus chama de *prudente* o homem que edifica suas estruturas mentais sobre as rochas da verdadeira aplicação. Sabe que está em fase de construção, mas que, uma vez colocando insistência em sua vontade, no devido tempo, agirá de forma diferente daquela como procedia, até então. O tempo se encarrega de quebrar ou mudar as velhas estruturas mentais. Mas isto requer sempre *persistência*, pois, esta casa mental tornará, com o tempo, em manifestação do Todo, traduzida em sentimento de *calma*. Os Espíritos insistem que a transformação moral é fruto de trabalho pessoal contínuo, pois, como seres imortais, trazemos inclinações inferiores, solidificadas ao longo de experiências milenares. Assim, este trabalho é, portanto, personalíssimo. Ninguém pode fazer por você!...

Jesus, na parábola, fala em "casa construída sobre areia". Afinal, o que representa uma construção

---

5   KARDEC, Allan. O Evangelho segundo o Espiritismo, cap. XVII, item 4.

com base arenosa? A areia simboliza os sentimentos inconstantes e incertos em certa fase de imaturidade. São virtudes que ainda não têm raízes (os *insensatos* da parábola). Essa construção pode fraquejar a qualquer momento. "Entendamos, então, que tudo é *provisório* e *impermanente* no processo evolutivo, pois crescer é preciso. Estacionar, nunca! Do mal passaremos ao bem; da insensatez chegaremos à sensatez. Tudo é questão de tempo neste estágio evolutivo. Como, para as Leis Divinas, não importa a condição de ignorância ou inocência da criatura, construiremos a nossa casa mental, o nosso Reino de Deus, de forma lenta e progressiva, infinitamente. E aí se destaca a importância do livre-arbítrio adquirido pelo Espírito, desde longas eras. É através dele que o ser pode realizar em si, o que ainda estava apenas em potencialidade. [6]

Assim, se desejamos encontrar maior nível de paz interior, refaçamos os projetos, quando nos equivocamos em determinados pontos. Certamente, aqueles que hoje constroem casas sobre rocha, já passaram pela fieira dos erros, e hoje estão desfrutando das experiências conquistadas. Ninguém constrói *tranquilidade* com a edificação de mansões externas para a alma, sem que esta edificação esteja calcada nos fundamen-

---

[6] Ver nosso livro *O segredo das bem-aventuranças*, p. 239.

tos em que elas foram construídas. Ninguém consegue *tranquilidade* espiritual sem esforço no combate às imperfeições. Que possamos ter a mesma convicção de Paulo, no final da existência física: "Combati o bom combate, acabei a carreira, guardei a fé..."[7] Quem pensa o contrário, engana-se. No "combate" visamos aos inimigos externos. Paulo refere-se, no entanto, ao "bom combate", aquele em que nos dispomos a lutar contra nós próprios, apontando as baterias de vigilância contra as nossas imperfeições.

Se para construir a casa, o técnico prepara o terreno, tomando toda precaução possível, utilizando-se das mais variadas estratégias, com o objetivo de dar *tranquilidade* aos seus moradores, da mesma forma, para sintonizar com Deus (abrir espaço para Sua morada) é preciso esforçar-se, num processo contínuo, preparando a "terra de nós mesmos", de tal forma que o nosso recipiente esteja em condições propiciatórias de "sentir" ou "experimentar" Deus. Quem sugere condições acomodatícias, sugerindo crer, sem esforço algum, está apenas enganando você. Sem esta preparação, não se criam condições para a morada de Deus, ou dita de outra forma, para o desenvolvimento do Reino de Deus na intimidade.

---

7   II Timóteo, 4:7.

Jesus, utilizando-se da mesma metodologia, compara, também, em várias passagens do Evangelho o símbolo da "terra produtiva" com o processo evolutivo da criatura no desenvolvimento dos valores espirituais. Na expressão "Ninguém, que lança mão do arado e olha para trás é apto para o Reino de Deus" [8], Jesus mostra-nos como devemos agir para conseguir êxito neste processo de crescimento espiritual. O arado, com o avanço da tecnologia, foi substituído por modernos tratores. Muita gente ainda nem conhece, o primeiro, nem sabe o que este instrumento representou para a economia inicial, no processo de cultivo da terra. No entanto, trata-se de uma ferramenta que, outrora, foi utilizada como principal força de trabalho no arroteamento do solo.

Com muita propriedade Jesus utilizou-se desse símbolo – o *arado* – que espelhava, no dia a dia, um instrumento de trabalho dos mais comuns "É pesado, demanda esforço de colaboração entre o homem e a máquina, provoca suor e cuidado e, sobretudo, fere a terra para que produza. Constrói o berço das sementeiras e, à sua passagem, o terreno cede para que a chuva, o sol e os adubos sejam convenientemente

---

[8] Lucas, 9:62.

aproveitados". [9] De igual modo, a preparação de nossa "terra espiritual" é fruto de muita luta e esforço, na construção de rumos, e demanda prontidão para revisão de hábitos petrificados, mesmo à custa de bastante sacrifício.

Assim, à medida que assumimos o arado da responsabilidade, *perseverando até o fim*, na expressão de Jesus, alcançaremos, no devido tempo, os objetivos saneadores dos maus pensamentos, ainda vivos em nosso comportamento. Todavia, quando, no decorrer desta caminhada, somos atraídos pelos atrativos da "porta larga", paralisamos a criatividade, causando prejuízo à "terra de nós mesmos". Essa terra espiritual, na proporção da *tranquilidade* conquistada, prepara o campo para a presença divina em nós. Não adianta pensar de modo diferente, passando procuração a terceiros, achando que alguém fará por nós, sem que tomemos a decisão de abraçar o destino de nossas vidas. Lembre-se de que "você mesmo é o melhor secretário de sua tarefa", no dizer de André Luiz. [10] Somos sempre os eternos construtores de nosso aperfeiçoamento. Só quem persiste no estabelecimento da ordem em si mesmo consegue criar recursos para a

---

9 XAVIER, Francisco Cândido Xavier, pelo Espírito Emmanuel. *Pão nosso*, lição 3.

10 Idem, pelo Espírito André Luiz. *Agenda cristã*, lição 42.

recepção de Deus. Isto é conquistar equilíbrio...
Em outra passagem, nova comparação é feita entre a terra e a criatura, quando Jesus aborda a parábola da semente. "Um semeador saiu a semear a sua semente e, quando semeava, caiu alguma junto do caminho, e foi pisada, e as aves do céu a comeram. E outra caiu sobre pedra e, nascida, secou-se, pois que não tinha umidade. E outra caiu entre espinhos e crescendo com ela os espinhos, a sufocaram. E outra caiu em boa terra, e, nascida, produziu fruto, a cento por um. Dizendo ele estas coisas, clamava: Quem tem ouvidos para ouvir, ouça..." [11] Espelha esta parábola o *continuum* do processo de evolução do espírito em sua jornada terrena. Primeira fase: a semente não encontrou espaço na terra; na segunda fase: o terreno não apresentava umidade; na terceira fase, a semente começou a crescer, mas foi abafada pelos espinhos; e finalmente, em estágio mais evoluído, a terra começa a produzir. Começamos a nossa evolução na situação de simples e ignorantes. Na fase inicial, o Espírito responsável em plasmar a mente (terra) está na neutralidade; posteriormente, ainda sem umidade (amor) não dá continuidade, manifestando-se com intermitência; na fase seguinte percebe sua função, mas, dissuadi-

---

11 Lucas, 8:5-8.

do pelos chamamentos do mundo, é abafado; e, finalmente, entra na fase de terra produtiva, que será variada ao degrau de entendimento, produzindo cada qual, de acordo com a evolução...

Assim, nossa casa espiritual, da mesma forma que a terra, para canalizar a Energia Divina percorre todo um processo de construção infinita de *tranquilidade*. A cada passo de aprendizagem, ampliaremos o crescimento espiritual. Uma mente em desordem não cria espaço para a manifestação espiritual. Atente, no entanto, que esta *tranquilidade*, como toda virtude, é sempre paulatina.

4. TRABALHO SILENCIOSO

"O fruto que te nutre representa um ano inteiro de trabalho silencioso da árvore generosa".

Se é verdade, conforme os ensinamentos bíblicos, que Deus criou o homem à Sua imagem e semelhança, não é menos verdade que o homem cria Deus à sua imagem e semelhança, de acordo com a maturidade conquistada. Já afirmamos, em nosso livro *A oração pode mudar sua vida*, que Deus é do tamanho da evolução espiritual de cada um. E mais, que "além do aspecto individual, essa ideia de Deus, como não poderia deixar ser, sempre foi *relativa* ao grau intelectual dos povos e de seus legisladores, surgindo, portanto, regramento de conduta ética e moral que retrata, em cada época, o progresso espiritual da Humanidade".[1] Nota-se, hoje, que as pessoas têm-se afastado da ideia do Deus pessoal, imaginado distante de nós, e habitando um Céu, sentado num trono e anotando os pecados, para posterior julgamento no dia do Juízo Final.

Certas religiões abandonaram o fundamentalismo religioso e alcançaram um maior despertamento espiritual, por isso com uma melhor compreensão do mistério da vida e de todas as coisas. Em recente novela que teve grande audiência na televisão, foi muito utilizada a saudação "namastê", que quer dizer: "o Deus que está em mim saúda o Deus que está em você". As religiões orientais nunca aceitaram a ideia de Deus 'apartado' da criatura. E a criatura filia-se àquela crença que está em consonância com o seu nível de consciência. Atualmente, com maior evolução da Humanidade, adota-se uma concepção mais racional, sem o dogma dualístico de Deus "lá em cima" e nós, os eternos pecadores, "aqui embaixo!". A proposta que hoje se defende, na qual nos incluímos, é que "Deus está dentro de nós".

Assim, em nosso entendimento, o mais lúcido

---

[1] Ver nosso livro *A oração pode mudar sua vida*, p. 19.

e racional conceito de Deus está na resposta que os Espíritos deram a Kardec, quando pergunta: Que é Deus? E eles disseram: "A inteligência suprema e a causa primeira de todas as coisas" [2]. Nela, não se personifica Deus, pois, não se pergunta "quem é?", mas "o que é Deus?". Você poderia estar questionando, mas o que o introito do texto tem a ver com "O fruto que te nutre representa um ano inteiro de trabalho *silencioso* da árvore generosa", citado acima pelo Espírito Emmanuel. Aí que reside, exatamente, o grande diferencial quanto à ideia da presença de Deus no universo. O princípio inteligente habita todos os seres da Natureza, desde os seres iniciantes da Criação, passa por todas as escalas, até atingir a idade da razão, despertando-se no homem. Já os seres inteligentes, na condição de Espíritos, são detentores do princípio inteligente, individualizado. "Na natureza, tudo se encadeia, passando por ser o átomo primitivo até o arcanjo, que também começou pelo átomo". [3] A árvore é, neste entendimento, uma das expressões do princípio inteligente.

Em nosso livro *O poder da fé* fizemos alusão à árvore quanto a uma das suas ações mecânicas – para

---

2 KARDEC, Allan. *O Livro dos Espíritos*. Questão n.º 1.
3 Idem, ibidem, questão 540.

nós, divinas –, presente em tudo, mostrando que o princípio inteligente está em todos os seres e vibra em todas as coisas, e que todas as operações da existência, de alguma forma, se desenvolvem, sob a energia dele. Citamos um artigo da *folhaequilíbrio*, da Folha de São Paulo (18/03/04), sobre uma das funções desenvolvidas pela árvore, na reportagem, "De olho no futuro", fazendo o seguinte questionamento: Por que determinadas árvores liberam suas folhas no outono e no inverno? Eis a resposta: "Por sabedoria. Nessas estações, como o dia é curto e as temperaturas são mais baixas, as plantas não se desenvolvem plenamente. Assim, diz a botânica Helenice Mercier, elas 'preferem' perder parte das folhas e armazenar energia no caule. 'Poupam energia com as folhas adultas, já **pensando (grifamos)** no nascimento de novas folhas', diz a botânica." [4]

Assim, não obstante, não dotada de razão – prerrogativa exclusiva do ser humano na escala evolutiva – a árvore cumpre fielmente sua programação na Natureza; e entre inúmeras finalidades, no tempo certo, se é de sua programação, produz frutos. Pelo nosso entendimento, é o princípio inteligente, embora se manifestando por automatismos comportamentais,

---

4   Ver nosso livro *O poder da fé*, p. 31.

que, no tempo próprio, faz com que ela desempenhe uma das suas importantes funções, que é a de produzir frutos. A semente, depois de cair na cova escura da terra em que lhe cabe germinar, sofre abandono, sufocada pelo peso do chão que lhe esmaga o envoltório, por processos próprios de seus princípios germinativos, alimenta-se dos nutrientes necessários à sua espécie, e busca a claridade a fim de produzir.

Esse é um trabalho *silencioso*, mesmo com o enfrentamento das adversidades naturais, sobrevivendo, sem se revoltar diante das intempéries, como chuvas, ventos, tempestades, calor, frio, entre outras adversidades, a árvore cumpre fielmente seu programa, para, na época certa, produzir o fruto. Mesmo quando dilacerada, ela se refaz, gradativamente, entregando-se às leis de renovação que abarcam a Natureza. Nesta ótica, Emmanuel ensina: "Ainda assim, obscura e modesta, a planta nascida crê instintivamente na sabedoria da Natureza que lhe plasmou a existência e cresce para o brilho solar, vestindo-se de frondes tenras e florindo em melodias de perfume e beleza para frutificar, mais tarde, nos recursos que sustenta a vida". [5]

O homem deve aprender com a Natureza, cumprindo as Leis do Universo na consecução de seus

---

5   XAVIER, Francisco Cândido, pelo Espírito Emmanuel. *Ceifa de luz*, lição 50.

objetivos. Enquanto o vegetal, também dotado de Força interior, embora ainda inconsciente, cumpre de forma mecânica os atos necessários ao cumprimento dos fins a que está destinado, *silenciosamente*, o ser humano, como princípio inteligente individualizado do Universo, tem algo mais a cumprir. É dotado de razão e tem livre-arbítrio com prerrogativa de escolha dos atos, podendo errar e corrigir sempre que preciso, diante de ações equivocadas. A Natureza age *silenciosamente*. Poeticamente, Jesus ensina: "Observai como crescem os lírios do campo..." [6] E o homem será que produz sem alardes? É óbvio que tudo vai depender do estágio de maturidade em que se encontra. Orienta Jesus que os atos de justiça que praticarmos em benefício do semelhante devem ser feitos sem publicidade, isto é, *silenciosamente*, pois "se o fizerdes, não tereis galardão junto ao vosso Pai que está nos céus". [7]

Quanto mais "propagamos" as ações benéficas, mais distantes estamos da conexão com Deus, pois queremos divulgação, aplauso e massagem do ego. À medida que compreendemos o verdadeiro sentido da vida, não necessitamos mais tornar públicas as nossas realizações no bem ao próximo. Agimos como a árvo-

---

6 Ver nosso livro *O segredo das bem-aventuranças*, p. 256.
7 Mateus, 6:1.

re generosa que produz os frutos saborosos, *silenciosamente*. Não devemos, pois, tal como a árvore dadivosa – apesar das naturais adversidades, fornece frutos sempre – repetimos, não devemos nos esmorecer ante a incompreensão, isolamento, as tentações e as provas aflitivas, que encontramos no caminho da evolução. Fazer o bem *sem ostentação* constitui marca incontestável de grande superioridade moral, afirma Kardec.[8] Sermos úteis nos causa prazer e faz refulgir tanta paz, que não necessitamos de nenhum aplauso externo. A paz verdadeira decorre sempre da quitação de nossa consciência para com a vida. Quem sente fluir sobre si os eflúvios da plenitude divina, transforma-se na criatura mais feliz do mundo. Pouco se importa com os aplausos, porque o que vale naquele momento é estar integrado com as Leis do Universo.

Quantos são os que ajudam apenas na esperança de que este ato tenha grande repercussão; que, em público, dão uma grande soma, mas que, ocultamente, não dariam nenhum centavo! São pessoas que fazem o bem e esperam a manifestação de gratidão do beneficiado. E se este não se manifesta, consideram a ajuda como indigna, chegando à irritação. "Puxa! Fiz tanto por aquela pessoa e, hoje, a encontrei na rua e ela nem

---

8   *O Evangelho segundo o Espiritismo*, Cap. XIII, item 3.

me agradeceu! É uma ingrata!" Isto não é fraternidade legítima, mas, um ato de pura mercancia. Estamos cobrando, de alguma forma, do próximo o que lhe fizemos. Queremos, neste caso, o *reconhecimento*. É a quem age dessa forma, que Jesus assevera: "Se assim o fizerdes, não tereis galardão junto ao vosso Pai que está nos céus." Na verdade, já receberam o que queriam: o *aplauso* dos homens. [9]

Quando atingimos o estágio de maior alinhamento com Deus, os eflúvios que colhemos são tão compensadores que de nada mais necessitamos para a felicidade, pois esta é simbolizada pelo galardão nos céus, citado por Jesus. Só que esta conquista não é "lá em cima" no lugar que chamamos de céu, mas na própria intimidade. Assim, quem faz o bem sem ostentação, *silenciosamente*, abre espaço para a morada de Deus em si. Conquistar calma dentro de si é encontrar Deus falando na intimidade àqueles que conseguem manter *silêncio* interior. Daí a analogia de Emmanuel entre o trabalho *silencioso*, durante um ano, da árvore para produzir frutos e a conquista paulatina da criatura para produzir também em *silêncio*, porque a Energia Divina precisa da conquista do silêncio para poder fluir. Esta conquista será ampliada a cada encarnação

---

[9] Ver nosso livro *O segredo das bem-aventuranças*, p. 196-204.

do Espírito, no exercício do bem.

O interessante a analisar é que não existe limitação de Deus para com as Suas criaturas, como ocorre com o ser humano que raciona a distribuição de seus recursos. Será que eu vou dar isso? Será que eu vou dar aquilo? Não, só vou doar esta quantia... Esta peça é lembrança de minha mãe... Não é mesmo o que acontece conosco? Com Deus é diferente. Não tem limites, tudo é abundante. Quem limita Deus é a criatura, de acordo com o estágio de seu entendimento. O Universo nos dá sempre em abundância... Não se altera nunca. "Eu vim para que tenham vida e a tenham com abundância", diz Jesus. O sentido dado pelo Mestre, na citação de João é que ele veio com a missão de ensinar-nos que Deus é imanente em toda a criatura, e tem sempre em abundância.

O rio da Vida é farto e cada um retira a água na proporção do que pode receber. Nem mais, nem menos. "Deus a ninguém dá seus dons por medida, contudo, cada alma traz consigo a medida que instalou no próprio íntimo para a recepção dos dons de Deus".[10] Assim como cada um de nós capta a água do rio segundo o recipiente de que se faz portador, recebemos,

---

10 XAVIER, Francisco Cândido, pelo Espírito Emmanuel. *Palavras de vida eterna*, lição 2.

em abundância do Amor Divino, de acordo com a capacidade do espaço que criamos. Então, quem cria o limite para a manifestação de Deus somos nós mesmos. Todos temos o mesmo potencial, todavia compete a cada um abrir espaço na intimidade, ou seja, preparar a casa mental para Sua morada em nós. Entendamos que o Reino de Deus é uma construção permanente.

5. O DIA DE HOJE

"Cada dia que se levanta é convite de Deus para que lhe atendamos à Obra Divina, em nosso próprio favor".

O dia de hoje é o mais importante de nossa vida. Ele é real e se constitui no resultado dos dias vividos no ontem; o amanhã é sempre uma projeção que poderá se materializar ou não. Mas, em geral, não vivemos o presente integralmente. Prendemo-nos às ocorrências do passado, impedindo a plenitude do hoje, ou nos pré-ocupamos (é isso mesmo, "ocupar antes") em excesso com o amanhã e deixamos de ser felizes no hoje. Não é isso mesmo que acontece? Criamos doenças e tragédias por antecipação, quando nem sabemos se vão mesmo acontecer. Não bastam os problemas do hoje? É neste sentido que Jesus ensina: "Não vos preocupeis com o dia de amanhã, pois o dia de amanhã terá suas próprias preocupações!" [1] Por que acarretar ao presente que é real, tantas preocupações, ocupando a mente (pré-ocupando) com questões que são meras projeções? Sejamos racionais e entendamos que o amanhã ainda não existe. E ademais, pode não acontecer nada daquilo com que se pré-ocupa. [2]

Aquietar-se em Deus é construir o hoje, confiando que, se fizermos o melhor que podemos neste momento, os resultados positivos virão, por consequência, no tempo de cada um. Mas não nos desesperemos, no entanto, se "erramos", ou se "pecamos", como dizem as igrejas dogmáticas. Pecar quer dizer, literalmente, "errar o alvo". E vivemos diariamente errando o alvo, mais por ignorância, do que pela razão... Nós nos aprimoramos com o "alerta" dos erros, na época certa, somente, quando a consciência nos despertar. Afinal, é insistindo em fazer de novo o que erramos, que chegamos à aprendizagem. Lembra-se do seu tempo das

---

1   Mateus, 6:33-34.
2   Ver nosso livro, *O segredo das bem-aventuranças*, p. 266.

temíveis provas das escolas? Depois de "errar o alvo", fazíamos o *feed-back*, ou seja, começávamos de novo, e logo mais aprendíamos o certo. Assim é a construção da vida. Ninguém sintoniza com Deus sem corrigir deficiências, aparar arestas ásperas da imperfeição. Já dissemos e repetimos, que cada um recolhe da Fonte Divina, na proporção da doação. A senha para a evolução é progredir. Emmanuel ensina: "Lembra-te de que o Senhor nos concede tudo aquilo de que necessitamos para comungar-lhe a glória divina; entretanto, não te esqueças de que as dádivas do Criador se fixam, no ser da Criação, conforme a capacidade de cada um". [3]

Ficamos, quase sempre, jogando para Deus, a culpa de nossas desventuras. Pela falsa interpretação do Criador que nos impingiram, através dos séculos, temo-Lo como um julgador severo. À medida que substituirmos a ideia de vítima, pela de artífice de nossos desvios, seremos mais felizes. É difícil a compreensão de que Deus não julga ninguém. Talvez, em razão da educação, você ainda pense assim! Este é o ponto nevrálgico mais explorado pelas religiões, como mecanismo intimidatório e de aprisionamento

---

[3] XAVIER, Francisco Cândido, pelo Espírito Emmanuel. *Palavras de vida eterna*, lição 7.

dos fiéis às peias de seus dogmas. Talvez seja esta, para a criatura, a mais terrível das descobertas, pois fomos formatados pela ideia de que existe um Deus que "está de olho em você" e que, "até os cabelos da cabeça de vocês estão todos contados" [4]. Com afirmações como estas, (esta última atribuída a Jesus) não restam dúvidas, de que se instala o medo de Deus, impedindo que a criatura seja ela mesma. Não tem mais vontade própria, transformando-se em marionete! É uma marcação cerrada que pouco espaço dá para o livre-arbítrio. Ora, ninguém é cobrado no Tribunal Divino pelos erros cometidos. Assim, quem erra, só pode ser julgado por si mesmo, isto é, pelo Tribunal da Consciência. Sempre, em nossos escritos, dizemos que temos duas opções: Ou existe um Deus-pessoal externo com um *laptop* na mão, para usarmos os termos da atualidade, eternamente ligado, funcionando como uma espécie de juiz-julgador; ou existe o livre--arbítrio, que é conquista do Espírito imortal – individualização do princípio inteligente. Você escolhe: livre-arbítrio ou Deus-pessoal?

Depois de muito tempo, chegamos à conclusão de que erros não condenam ninguém. Eles fazem parte do processo de aprendizagem e ajudam a estabele-

---
[4] Mateus, 10:30.

cer parâmetros no código de conduta individual. Os erros, uma vez catalogados no rol daquilo que consideramos ilícitos, são bênçãos que nos ajudam no processo de nosso julgamento. Expliquemos melhor: quando julgamos alguém em determinada ação e catalogamos esta prática como erro, criamos uma espécie de lei interna, ou um parâmetro de julgamento, quando agimos de forma semelhante. Fica adicionado, no código de ética interno, um artigo, que nos acusa do erro assim que o infringimos. O que acontece, então? Desnudados da ação ilícita, só voltamos ao equilíbrio interno, quando nos corrigimos daquela situação incômoda.

Afinal, houve julgamento do Deus-pessoal, ou das Leis internas que se desarmonizaram com as Leis Divinas, gravadas na consciência? Entendamos, no entanto, que a fixação dessas leis em nossas redes neurais, é como algo *provisório*, em relação às Leis do Universo, que são eternas e imutáveis. À medida que evoluímos, vamos substituindo essas leis internas ou parâmetros de julgamento por outras, mais em alinhamento com as Leis do Universo. Aqui, parece-nos que podemos encaixar a promessa de Jesus: "Bem--aventurados os que choram porque eles serão consolados" ⁵. Quando entramos no choro ou aflição, detectamos atrito com as Leis Divinas, naquela faixa do fragmento em que nos encontramos. Ao corrigirmos a ação considerada ilícita, sobrevém o alívio. Detectando o equívoco, somos "consolados" porque nos harmonizamos com o código de postura que criamos para aquela faixa de entendimento.

Chegaremos, no entanto, pela evolução, a fragmento superior na escala evolutiva, e, pelo natural amadurecimento, em razão de novos julgamentos, substituímos as leis criadas, por outras mais racionais. Sendo impermanentes as leis desse código interior, elas serão substituídas por outras à medida do amadurecimento espiritual. Quantas vezes não fazemos isso, e percebemos que mudamos! Depois de muito tempo julgando desta ou daquela forma determinada conduta alheia, de repente passamos a entender de maneira diferente e para melhor. Não só você "cai em si", mas, também, pessoas de sua convivência, dizem: Puxa, como você mudou! Mudar é preciso. Já pensou se permanecêssemos sempre presos às mesmas ideias? Não haveria progresso, que é Lei da Natureza. Às vezes, perguntamos a nós mesmos: Por que será que eu agia assim? Por que fui tão severo com o jul-

---

5   Idem, 5:4.

gamento em relação à determinada situação? É simples, você trocou de parâmetro, evoluiu, e, agora, tem novos paradigmas. Que bom! O pior são as pessoas que dizem que não mudam nunca, principalmente em matéria de religião. 'Fui educado nesta religião, por que vou mudar?" Esquecem que as religiões, sem exceção, engessam o conhecimento e não dão espaço para novos questionamentos!

Por essa razão, como somos criadores de nosso destino, Emmanuel ensina que "Cada dia que se levanta é convite de Deus para que lhe atendamos à Obra Divina, em nosso próprio favor". A Natureza, dia a dia, surge, convidando você a "nascer de novo!..." Como nas Leis de Deus não existe castigo nem prêmio, apenas consequências, comecemos hoje a exercitar novas ideias, retirando as 'teias de aranha' que criamos para nós mesmos, em razão daquilo que catalogamos no código interno, como certo. A perfeição da Lei Divina nos convida a nos julgarmos, mas só no momento em que houver incorporação do fato como verdadeiro, portanto sem prazo de vencimento, nem local. Por isto que, para o conhecimento da verdade, cada um tem tempo próprio. Este tempo é exclusivo, e não é igual ao de ninguém, pois tem por base a maturidade individual. Esqueça que Deus é um julgador externo. Quando as Suas Leis foram depositadas na consciência, Ele deixou que cada um, com base neste parâmetro, medisse por si mesmo suas ações.

Assim, a responsabilidade de renovação, uma vez detectada a infração confrontante com a Lei Divina, é sempre da própria pessoa. A cobrança não virá, senão das leis da consciência. O adiamento indefinidamente à renovação é de livre escolha. Não seremos, no entanto, castigados por Deus, pelo atraso, mas, sim, receberemos "alerta" de que estamos em dissonância com as Leis da Consciência, por meio de angústias, ansiedades, tristezas, e tantas outras dores da alma. Toda desarmonia emocional acarreta, com o tempo, doenças psicofísicas. Assim, se você detectou o erro, mas prefere permanecer omisso, é claro que virão consequências. A consciência – sede em nós das Leis de Deus –, diante do desconforto psíquico, sugere o retorno ao equilíbrio, como único meio de encontrarmos a harmonia espiritual. Lucas afirma que "Deus não leva em conta os nossos tempos de ignorância" [6]. Enquanto se erra por ignorância, o Espírito não tem compreensão do ato praticado.

O dia que levanta é uma oportunidade de recomeço. Nada está perdido perante as Leis de Deus. Co-

---

6   Atos, 17:30.

loque na sua mente que "Se você quer, você pode!" Por isso insistimos que hoje é o melhor momento para dar uma virada em sua vida! Diz Dalai Lama que: "Só existem dois dias do ano que nada pode ser feito. Um se chama *ontem* e o outro se chama *amanhã*, portanto, *hoje* é o dia certo para amar, acreditar, fazer e, principalmente, viver". Neste entendimento, é preciso "nascer de novo", psicologicamente, todos os dias, implantando o Reino de Deus em si mesmo. O *hoje* é sempre uma bênção, que a Vida nos concede para recomeçar. Você descobriu que errou, e daí? Estamos na Terra para evoluir, e o erro faz parte da aprendizagem. Comecemos de novo e aprendamos com os nossos equívocos.

Entendamos que ser feliz é uma conquista permanente. Mas quem tem que colocar o pé na estrada é você mesmo! Podemos até nos espelhar na conduta nobre de outras pessoas, da mesma forma como Jesus nos convidou "a ser perfeito como perfeito é o Pai do Céu". Trata-se de um ideal a ser seguido, porque, na realidade, a marcha é de cada um. "Assim, resplandeça a vossa luz diante dos homens"[7]. Iluminar é desenvolver-se internamente. "É possível marchar, valendo-se de luzes alheias. Todavia, sem claridade

---

[7] Mateus, 5:16.

que nos seja própria (grifamos), padeceremos constante ameaça de queda. "Nossa necessidade básica é de **luz própria (grifamos)**, de esclarecimento íntimo, de autoeducação, de conversão substancial do 'eu' ao Reino de Deus". [8] Renovemo-nos, pois, a partir de agora, aprendendo com nossos equívocos.

Relacionamos dez sugestões de conduta para o dia de hoje que, se praticadas, nos ajudarão a construir a paz, que todos buscamos:

DECÁLOGO DA SERENIDADE

I - Procurarei viver pensando apenas no dia de hoje, exclusivamente neste dia, sem querer resolver todos os problemas da minha vida de uma só vez.

II - Hoje, apenas hoje, procurarei ter o máximo cuidado na minha convivência, cortesia nas minhas maneiras; a ninguém criticarei, nem pretenderei melhorar ou corrigir, à força, ninguém, senão a mim mesmo.

III - Hoje, apenas hoje, serei feliz. Na certeza de que fui criado para a felicidade, não só no outro mundo, mas também já neste.

IV - Hoje, apenas hoje, adaptar-me-ei às circunstâncias, sem pretender que sejam todas as circunstâncias a se adaptarem aos meus desejos.

---

8 XAVIER, Francisco Cândido, pelo Espírito Emmanuel. *Caminho, verdade e vida*, lição 180.

V - Hoje, apenas hoje, dedicarei 10 minutos do meu tempo a uma boa leitura, recordando que assim como o alimento é necessário para a vida do corpo, a boa leitura é necessária para a vida da alma.

VI - Hoje, apenas hoje, farei uma boa ação, e não direi a ninguém.

VII - Hoje, apenas hoje, farei ao menos uma coisa que me custe fazer, e se me sentir ofendido nos meus sentimentos, procurarei que ninguém o saiba.

VIII - Hoje, apenas hoje, executarei um programa pormenorizado, talvez não o cumpra perfeitamente, mas ao menos escrevê-lo-ei, e fugirei de dois males: a pressa e a indecisão.

IX - Hoje, apenas hoje, acreditarei firmemente, embora as circunstâncias mostrem o contrário, que a Providência de Deus se ocupa de mim, como se não existisse mais ninguém no mundo.

X - Hoje, apenas hoje, não terei nenhum temor, de modo especial, não terei medo de gozar o que é belo, e de crer na bondade.

Que tal a mensagem, gostou? Propositalmente, deixamos para o final a revelação de seu autor. Pois bem, não foi escrita por espírita, nem foi psicografada por médium algum, mas sim por Ângelo Roncalli, que viveu na Terra como Papa João XXIII. Um ensinamento lúcido que espelha a canalização da verdade. Trata-se de uma mensagem universal, e como tal, não tem cor religiosa, e pode servir de parâmetro para a renovação de conduta na busca da felicidade.

Então, vamos começar hoje? A decisão é sua...

6. EXASPERAÇÃO

"Se te exasperas, não Lhe assimilas o plano".

Se, para assimilar o plano divino, não é aconselhável *exasperar-se*, analisemos, inicialmente, algumas práticas que caracterizam esta desarmonia. Segundo o dicionário Michaelis, *exasperar* quer dizer: tornar-se colérico, enfurecido, irritado, nervoso, áspero, escabroso... Veja em quantas situações em que, no geral, nos enquadramos. São ações que, dado o desequilíbrio emocional, obstam nossa sintonia vibratória com Deus. Quantas ocorrências que nos colocam em antagonismo à paz e à harmonia, tão necessárias, para apreendermos o plano de Deus? E quem de nós não carrega ainda na alma essas situações? Uns, com maior incidência; outros, em escala menor, de acordo com o estágio de maturidade; mas todos, em diferentes níveis, somos portadores dessas desarmonias psíquicas, que nos dificultam o contato vibracional com o divino.

Conseguir se apresentar de forma tranquila e harmônica, mesmo diante das mais difíceis situações, é vitória da alma, em intenso trabalho, cujo exercício diário exige muita paciência e vontade de vencer a si mesmo. A posição positiva de manifestação de paz interior é conquista pessoal que só se efetiva pelo exercício diário, na vida de relação. Errando aqui, errando acolá e aprendendo com os naturais equívocos, solidificamos, pela experiência, paulatinamente, aprendizagem dos valores eternos. Nada flui gratuitamente, e não é tão-só pela mera prática ritualística de algumas ações no interior de um templo que estamos efetivamente transformados. A sintonia com Ele é fruto de aprendizagem, conquistada por méritos próprios, nos embates da vida.

O plano divino, conforme já assinalamos, é de abundância plena, sem qualquer limite. Vale a pena repetir o ensinamento do Mestre: "Eu vim para que tenham vida e a tenham em abundância" [1]. Não veio ele, obviamente, como muitos pensam, para fazer milagres, subvertendo a ordem das Leis do Universo, mas, sim, ensinar a Humanidade a captar o plano divino, cujo limite de abundância apreendido é proporcional ao esvaziamento de nossas mazelas espirituais. Mas para isso, você tem que se "ajudar", isto é, trabalhar incessantemente na conquista dos valores espirituais. A expressão "ajuda-te que o Céu te ajudará" joga por terra qualquer sentido de conquista fácil, ou seja, não aguardar vitória sem trabalho. É preciso primeiro plantar para colher! Querer inverter a ordem é pura ociosidade do candidato à implantação de Deus na intimidade. A presença dos Céus (Deus) é sempre fruto da ação no bem. Muitos pensam que basta filiar-se à determinada crença e praticar seus rituais internos para o desenvolvimento dos potenciais divinos. Ledo engano. É no trabalho constante no bem, eliminando imperfeições que criamos condições propícias para a sintonia com Deus, ou seja, que abrimos espaço para Sua morada nos aposentos da alma.

Afinal, é por meio deste mecanismo que o Reino de Deus se instala, paulatinamente, em nossa intimidade. Ele está presente em todos nós, mas na condi-

---
[1] João, 10:10.

ção de potência, dependendo do trabalho pessoal. É o símbolo utilizado por Jesus, do grão de mostarda, comparando-o com o processo da instalação do Reino de Deus. A semente, embora ainda não seja árvore em sua *existência externa*, já o é, no entanto, em *essência*, pois possui toda a potencialidade da árvore. Este grão, seguindo as fases biológicas que lhe são inerentes, no tempo certo, se transformará em árvore. Ela tem, portanto, o potencial para 'vir a ser', mas só se materializará se lhe forem dadas todas as condições para o crescimento. Da mesma forma, ocorre com a implantação do Reino de Deus em nossa intimidade. O plano de Deus está disponível, e em abundância, mas sua concretização está sempre na dependência do trabalho de cada um...

O importante é que ninguém está excluído do plano de Deus. Ouve-se, constantemente, por parte dos pregadores religiosos, com o objetivo, obviamente, de vincular o crente às suas igrejas, que Deus "tem um plano para você". No entanto, esse plano é para o pastor, para mim, para todos os Seus filhos e para você também... Todos nós estamos no plano de Deus, independentemente de crença, sem qualquer exclusão, e sua materialização ocorrerá, gradativamente, no tempo de cada um. A condição, no entanto, não é consolidada por meio de artifícios externos, sem esforço e sem luta no exercício no bem. O passaporte é a *calma* interior. Emmanuel ressalta que, se mantivermos uma conduta colérica, nervosa, desarmoniosa, não assimilaremos o plano divino. O Reino de Deus foi comparado por Jesus a uma pérola escondida, e sua descoberta é gradativa, assemelhando-se ao processo de lavagem do diamante envolvido em lama. Da mesma forma ocorre conosco, diante do grau de imperfeição de que ainda somos portadores, exigem-se tempo e esforço para a eliminação de nossos distúrbios emocionais. Criando clima de harmonia, captamos o plano de Deus...

Como a Vida não cessa, todos podem ser plenos no estágio de matrícula, na existência terrena em que estagiam. Mas nada acontece, se a criatura permanece no *dolce far niente* na onda da canção popular "deixa a vida me levar"... Toda aprendizagem se realiza na ação. A vida é uma construção pessoal que requer objetivo e persistência na consecução dos projetos idealizados. Dissemos em nosso livro *O Segredo das Bem-Aventuranças* que, na abertura do Sermão da Montanha, "embora os verbos das promessas de Jesus estejam colocados no *futuro – serão* consolados, *herdarão* a Terra, *serão* fartos, *alcançarão* misericórdia, *verão* a

Deus, *serão* chamados filhos de Deus –, estão eles enfatizando a certeza das conquistas espirituais, não estão indicando, como condição fechada, a necessidade de um período de espera, para que só no futuro sejamos agraciados com a felicidade".[2]

Em qualquer situação com que nos defrontamos, precisamos exercitar a implantação da *calma*, em nosso comportamento. É fácil? Não. Mas não existe outro caminho. As Leis Divinas estão prontas a agir em nosso benefício. Se nos exercitarmos na prática do bem, não tenhamos dúvidas, de que as nossas atitudes, mais cedo ou mais tarde, falarão por nós. As reações físicas adversas nos ensinam a controlar as reações emocionais... Não podemos deixar que a cólera e a irritação sistemática nos descontrolem a saúde. Assim, o melhor que podemos fazer é pôr-nos em harmonia com Deus.

Assimilar o plano de Deus é uma atitude de harmonia e sintonia. Dessa forma, podemos dizer que, quando sintonizamos uma emissora de rádio, ou de televisão, e conseguimos limpidez sonora e pureza de imagem, dizemos que os aparelhos estão em fidelidade com o transmissor. Aqueles que atingiram esta condição de fidelidade conseguem captar o programa

---

2   Ver em nosso livro, *O segredo das bem-aventuranças*, p. 33.

do Universo. Uma vez atingido esse alinhamento vibracional, a criatura recepcionará, no limite da evolução, o plano de Deus. Não acontece o mesmo, quando sintonizamos um aparelho de rádio, ou de televisão? Se estão fora da frequência, não conseguimos apreender, com nitidez, a mensagem do programa que está sendo transmitido. De igual sorte, ocorre quanto a nossa sintonia com Deus; é captada ou obstada em razão das condições espirituais que criamos.

7. GRITARIA

"Se te afeiçoas à gritaria, não Lhe percebes a voz".

No burburinho das agitações mundanas, o homem, num vai-e-vem tresloucado na busca incessante dos interesses imediatos, nem sempre encontra tempo para os valores eternos... Ora, esses, bem... esses deixamos para quando "sobrar tempo!" Dificilmente se reserva para si, um espaço necessário no refazimento espiritual. Gritos, imprecações, barulhos ensurdecedores ecoam como notas dissonantes aos ouvidos... O tempo passa, mas não passa em vão! Em determinado dia, começamos a ouvir o 'alarme' da alma, em forma de angústia, ansiedade, medo, etc., comunicando-nos que precisamos de harmonização com Deus, para que a paz possa nos reequilibrar a conduta. Nosso corpo fala conosco, nossa alma grita, comunicando-nos os excessos. É preciso fazer algo que nos coloque em equilíbrio. Caso contrário, teremos consequências, proporcionais aos excessos. Procuremos, pois, o quanto antes, reservar um espaço de tempo para o contato com o nosso potencial divino, abastecendo-nos de Energias Eternas.

No meio do lufa-lufa diário, não nos esqueçamos de que somos Espíritos, vivendo, transitoriamente, em um corpo. Se cuidarmos somente dos valores materiais, e deixarmos para segundo plano os espirituais, fatalmente, em algum momento da vida, seremos 'alertados' pelas Leis da Consciência. "Buscai em primeiro lugar o Reino de Deus e Sua Justiça, e todas as demais coisas vos serão acrescentadas" [1], ensinou Jesus. Antes que transtornos psicológicos se tornem mórbidos, e paralisem nossa vontade, paremos para pensar sobre como viver em harmonia, distribuindo bem o tempo. O medo, a ansiedade são normais, saudáveis e inerentes ao ser humano, como mecanismo de preservação da espécie. Não, porém, quando extrapolam a normalidade e manifestam-se em grau de

---

1   Mateus, 6:33. Ver nossos comentários sobre o assunto em *O segredo das bem-aventuranças*, p. 265.

intensidade maior. Quando adentramos esta faixa, estamos certamente em zona de perigo! É preciso parar e repensar a vida que estamos levando.

Estejamos atentos ao alerta de Emmanuel, ensinando-nos que, se nos afeiçoamos à *gritaria* – simbolizada nas nossas desarmonias mórbidas – não podemos perceber a voz de Deus, no imo da alma. Todo desajuste nas peças emocionais acarreta pedido de socorro na estruturação do equipamento psicofísico. Esclareça-se, todavia, que diante de raízes ancestrais gravadas, de há muito na memória do espírito, acostumou-se, de forma simbólica e poética, a falar de 'mão', 'olhar' e 'voz' de Deus. São apenas formas alegóricas de expressão, para identificar a presença d'Ele, em nós, porque, efetivamente, Deus, não sendo pessoa, mas "o princípio inteligente e causa primária de todas as coisas", não pode ser identificado. Como Deus está em toda parte, a melhor maneira de experimentá-Lo é internamente. Ele se manifesta, dentre tantas outras analogias, na comparação de Jesus, como um "grão de mostarda" que se desenvolverá no tempo de cada um, paulatinamente.

Assim, se não procuramos cultivar o silêncio, em determinados momentos, para dar atenção a nós mesmos, os problemas do mundo acabam acumulando-se, fechando psicologicamente aquele espaço necessário para o fluxo da Energia Divina por nossos canais. Não deixemos que a *gritaria* nos impeça a convivência com Deus... O aconselhável é reservar alguns minutos por dia, em horário pré-fixado, para a meditação. Depois de certo tempo, forma-se hábito, preparando-nos, assim, para o enfrentamento dos naturais óbices, sem que deixemos ser levados, tão-só, pelos objetivos materiais. Eles são necessários, mas nunca como mão única. O contrário também é prejudicial, pois, o trabalho produtivo faz parte das Leis Naturais. À medida, porém, que evoluímos, deixamos, gradativamente, de separar o material do espiritual. Passaremos a espiritualizar toda atividade laboral, integrando as duas ações, a material e a espiritual, pois sem a presença desta, a outra se torna fria, faltando-nos a calma nos desafios que o trabalho impõe. Mas isso é trabalho do tempo...

Não se pode fugir, evidentemente, dos problemas da vida, sob o pretexto de santificação. Muitos preconizam o retiro absoluto das lutas humanas, dedicando-se somente à meditação. Ora, estamos aqui, justamente, para aprendermos diante das adversidades; elas são os testes indispensáveis para a evolução do espírito. Lembremo-nos da advertência de André Luiz, quando acordou nas zonas inferiores, após o desencarne: "Enfim, como flor de estufa, não suportava agora o clima das realidades eternas. Não desenvolvera os germes divinos que o Senhor da Vida colocara em minh'alma. Sufocara-os, criminosamente, no desejo incontido de bem-estar" [2]. Portadores da semente divina, em forma de potência, que só fluirá com a ação produtiva, mediante a aprovação nos naturais testes que a vida nos apresenta. Kardec ensina que "aprender é formar bons hábitos". No entanto, em razão do livre-arbítrio, ao fazermos escolhas, ora acertamos, ora erramos; os equívocos, quando repetidos, transformam-se em maus hábitos. Como o objetivo da existência é a perfeição, esta só ocorrerá à medida que eliminamos as deficiências, gravadas em forma de maus hábitos A meta é substituí-los por hábitos salutares. Esta supressão é trabalho do tempo, pois, muitas vezes, eles se encontram tão petrificados nas redes neurais, que só com muita persistência se conseguirá "apagá-los". É nesta ótica que Jesus assevera que "quem perseverar até o fim vencerá" [3]. E, é exatamente o que temos que fazer: perseverar nos objetivos, até a conquista definitiva. É difícil? É óbvio que sim. Mas é essa a função da educação. O hábito de *gritaria* e de estardalhaço, com o passar do tempo, se você persistir na correção, dará lugar

---

2   XAVIER, Francisco Cândido, pelo Espírito André Luiz. *Nosso lar,* lição 1.
3   Mateus, 24:13.

à serenidade. Esta conquista, porém, é sempre lenta e gradual. No geral, apenas começamos o processo, pois esta virtude, assim como as demais, são conquistas relativas ao estágio de maturidade. É este o sinal para começarmos a experimentar Deus, ou seja, perceber a voz de Deus, na intimidade.

Dá, assim, para compreender, pelo que expusemos, que, à medida que nos apaziguamos, na mesma proporção, nos alinhamos com o Absoluto? Você poderia dizer: "Mas eu não consigo, tenho dificuldade de contatar com Deus". Acreditamos que um dos mais importantes mecanismos de ajuda nesse processo, seja a oração. Ela se constitui na ponte que liga a criatura ao Criador. Referindo-se a Jesus, Mateus conta que depois de despedir a multidão, ele "subiu ao monte a fim de orar, à parte" [4]. Comenta Emmanuel que, diante do ensinamento, "Os homens iniciaram a procura do 'lugar deserto', recolhendo-se aos mosteiros ou às paisagens agrestes; todavia, o ensinamento do Salvador não se fixa no mundo externo. [5]

O *subir ao monte* é o sentido alegórico de "elevar-se" espiritualmente, buscando um "lugar à parte", na, câmara silenciosa, situada dentro de nós. Assim, conse-

---

[4] Mateus, 14:23.
[5] XAVIER, Francisco Cândido, pelo Espírito Emmanuel. *Pão nosso*, lição 34.

guimos penetrar o templo do silêncio, mesmo diante do vozerio. O Mestre sempre usou dessa ferramenta como recurso imprescindível para o encontro com o Pai, dentro dele mesmo. Podemos usar como parâmetro essa prática de Jesus, reservando uma pausa nas atividades para, à parte, estabelecer conexão com Deus.[6]

E como é bom, através da oração, recebermos a resposta de Deus às nossas apreensões! E a fórmula é muito simples. Não precisa de aparato externo, guru, rituais, local certo, etc. De modo algum, no entanto, criticamos a procura de lugares que favorecem a meditação, quer sejam no templo de sua preferência, ou, no contato com a Natureza, onde encontramos sugestões vivas da presença de Deus, que nos inspiram. O de que precisamos, na realidade, é apenas nos isolarmos do ruído confuso e tumultuoso, que trazem desarmonias, e procurarmos um *lugar à parte*. "Que probabilidade de êxito se reservará ao necessitado que formula uma solicitação em gritaria, com evidentes sintomas de desequilíbrio? O concessionário sensato, de início, adiará a solução, até que a serenidade volte ao pedinte".[7]

Necessita-se, assim, de que, no templo, ou fora

---

6   Ler nosso livro *A oração pode mudar sua vida*.
7   Idem, ibidem, *Pão nosso*, lição 108.

dele, estejamos na câmara silenciosa de nossos aposentos, situada dentro de nós mesmos. Muitas vezes, a criatura está dentro do 'templo de pedra', mas distante do 'templo da alma'.

É neste sentido, que Jesus ensinou o caminho, para encontrar o Eu, dentro de nós mesmos, dizendo: "Tu, porém, quando orares, entra no teu quarto, e fechada a porta, orarás a teu Pai que está em secreto..." [8] Basta sair do barulho do mundo, e entrar nos aposentos da alma, e aí, em secreto, sem a presença de ninguém, sem fórmulas preestabelecidas, você abre o seu coração, e fala com o Pai, que está bem juntinho de você. Pela intuição a "voz de Deus" brota do íntimo de cada um, porque é nesse santuário interior que reside nosso poder para além dos sentidos. Que beleza, que simplicidade! E você procurando Deus, nos templos de pedra! Ele está bem pertinho de você, no templo da alma, dentro de você. Experimente fazer silêncio... Se necessário, ouça uma música suave e relaxante, e fale com o Pai, agora mesmo! Nesse templo secreto da alma, o Pai espera por você, a fim de revigorar suas forças exaustas.

---

8   Mateus, 6:6.

8. CONFIA SEMPRE

"Conserva-te, pois, confiante, embora a preço de sacrifício".

A fé é uma força extraordinária que nasce com a própria alma. É a propulsora do movimento da vida e expressa a Sabedoria de Deus. Ninguém pode viver sem ela, sob pena de paralisar o seu crescimento espiritual. Ela "palpita em todos os seres, vibra em todas as coisas" [1]. Embora, de início, por falta de maturidade, pensemos nela, como "algo místico", cujo desenvolvimento seja feito através de determinada religião. Tanto isto é verdade que, quando se fala

---

1 XAVIER, Francisco Cândido, pelo Espírito Emmanuel. *Pensamento e vida*, p. 32.

em fé, logo vem a ideia de religião. As crenças religiosas podem até ajudar na sua formação, mas não como condição única, pois, ela se encontra latente, em todas as criaturas. É uma semente plantada em todos os seres, em estado potencial. Seu desenvolvimento é gradativo à maturidade espiritual de cada um. [2]

Ela é tão importante no processo da Vida que Jesus, segundo constam os registros dos evangelistas, jamais arrogou a si, qualquer ato de cura que, eventualmente ocorria, quando as criaturas o procuravam. Citemos, dentre incontáveis casos, apenas o famoso episódio da mulher hemorrágica, que procurara o Mestre, após inúmeras consultas com os médicos da época; sofria ela, há vários anos, de um sangramento uterino disfuncional. Dizia ela – "se eu puder apenas tocar em suas vestes, serei curada". E tal ocorreu. No mesmo instante a fonte de sangue que ela perdia se estancou e sentiu que estava curada. Jesus, percebendo naquele instante que dele saíra **uma virtude (grifamos)** pergunta: – "Quem me tocou?" E a mulher que sentira o efeito daquela energia que emanara dele, confessa que fora ela. Ao que Jesus disse: – "Minha filha, a tua fé te curou" [3].

---

[2] Ver nosso livro *O poder da fé*.
[3] Marcos, 5:34.

Se, nesse episódio, a cura ocorrida não foi operada por Jesus, e sim, pela fé da própria mulher, imagine o quanto nós estamos deixando de utilizar esse potencial divino, ao nosso dispor, gratuitamente. É evidente que a fé é uma construção, e só com o exercício podemos fazer coisas extraordinárias, que poderiam ser chamadas de 'milagres'. É Força Interior que precisa "vir a ser", no sentido de 'atualização', do que temos em 'potência', em nossa intimidade. Então, se você quer, você pode! Todos nós, independentemente de credo, cor, filosofia, nacionalidade, condição social, podemos colocar em ação essa força latente. É preciso, não obstante, trabalhar para o seu crescimento.

Assim, aconselha-nos Emmanuel: "Conserva-te, pois, confiante, embora a preço de sacrifício". Só quem confia recebe. Quem demonstra fé tem mais serenidade, irradia calma, diante de todas as situações, mesmo a preço de sacrifício pessoal. Nesse entendimento, André Luiz ensina que "A serenidade não é um jardim para os nossos dias dourados. É suprimento de paz para as decepções do caminho" [4]. Isto quer dizer que a fé irá nos ajudar a superar os obstáculos, muitas vezes, com sacrifício, mas é o preço para que nossos

---

4 XAVIER, Francisco Cândido, pelo Espírito André Luiz. *Agenda cristã*, lição 29.

desejos sejam concretizados. Utilizando do dispositivo da fé, os problemas não serão retirados, porém, com a compreensão dos seus motivos, aceitamo-los com maior facilidade, pois são 'despertadores' que tentam acordar as pessoas para a vida. É preciso analisar o que essas dificuldades estão querendo mostrar para você. Jesus disse: "No mundo tereis aflição!" Se nos revoltarmos, as coisas tornam-se mais difíceis de ser encaradas.

Procuremos, assim, exercitar a paciência para não nos desesperarmos diante das provas que, às vezes, parecem nos oprimir pesadamente. Lutemos para vencê-las, porque cada passo percorrido representa um degrau à frente, conduzindo-nos à plena exaltação espiritual. Cada qual deve afirmar-se como força consciente e, com fé, colocar em ação os seus próprios poderes. Com a manutenção da fé, mesmo a preço de sacrifício, é que seremos vencedores; a tarefa fica menos pesada. A dor quando compreendida torna o fardo mais leve. Ultrapassados os obstáculos, crescemos em espírito e nos sentimos felizes. É a recompensa que obteremos com a promessa, "Bem-aventurados os aflitos". A premiação é consolo, para aquele que compreende a dor, porque sente o alívio no coração.

Uma das páginas mais lindas e consoladoras, cujo

teor aborda a necessidade de desenvolver a confiança, foi escrita pelo Espírito Meimei, pela mediunidade de Chico Xavier, com nome *Confia sempre!* Meditando nesta mensagem, faremos algumas reflexões que, certamente, nos ajudarão a implementar as ideias, aqui desenvolvidas, sobre *Acalma-te*.

"Não percas a tua fé entre as sombras do mundo. Ainda que os teus pés estejam sangrando, segue para frente, erguendo-a por luz celeste, acima de ti mesmo".

Se deixamos de cultivar a fé, perdemos a alavanca que nos impulsiona para superarmos os obstáculos a serem enfrentados no processo de crescimento. Meimei ensina que devemos prosseguir confiando, mesmo com os pés sangrando, sejam quais forem os obstáculos, colocando a fé, como luz gravada na consciência, acima de nosso entendimento. Naquele momento, isto é, no tempo certo, venceremos as sombras do mundo.

"Crê e trabalha. Esforça-te no bem e espera com paciência. Tudo passa e tudo se renova na Terra, mas o que vem do céu permanecerá".

Em vez de lamuriarmos diante dos obstáculos, que não podemos resolver de pronto, o melhor caminho a tomar é mantermos a fé, mas trabalhando.

"Se te afeiçoas, assim, aos ideais de aprimoramento e progresso, não te afastes do trabalho que renova, do estudo que aperfeiçoa, do perdão que ilumina, do sacrifício que enobrece e da bondade que santifica". [5] Às vezes, crê-se, esperando, na ociosidade, por solução milagrosa. A pessoa diz: "Vou colocar nas mãos de Deus". Mas nada faz! Não é esse o caminho, obviamente. O "batei e abrir-se-vos-á" é a sugestão do Mestre para que façamos a nossa parte, naquilo que está ao nosso alcance, esforçando-nos na prática do bem e aguardando com paciência. As leis humanas se renovam de acordo com as necessidades sociais; no entanto, as Leis divinas permanecem eternas e imutáveis. "Passa o rio dos dons divinos em todos os continentes da vida, contudo, cada ser recolhe as águas, segundo o recipiente de que se faz portador. Não olvides que os talentos de Deus são iguais para todos, competindo a nós outros a solução do problema alusivo à capacidade de recebê-los". [6] Daí a necessidade de aguardarmos com paciência, pois, agindo no bem, criaremos, no tempo certo, recipiência para a realização de nossas necessidades.

---

5   XAVIER, Francisco Cândido, pelo Espírito Emmanuel. *Caminho, verdade e vida*, lição 7.

6   Idem, ibidem, mesma lição.

De todos os infelizes os mais desditosos são os que perderam a confiança em Deus e em si mesmo, porque o maior infortúnio é sofrer a privação da fé e prosseguir vivendo.

Estar privado da fé é perder a esperança de que os nossos objetivos serão alcançados. Sem a energia da fé, morremos pouco a pouco, pois a fé é energia que alimenta a vida. Infeliz, portanto, é quem perde a confiança em Deus e em si mesmo. Não dá para continuar vivendo sem o alimento da fé. "Um pai que fizesse, mecanicamente, o quadro de felicidade dos seus descendentes, exterminaria, em cada um, as faculdades mais brilhantes" [7]. Ainda que seja tênue a sua fé, continue a alimentá-la, pois cada um recebe de Deus, de acordo com seu entendimento. Seja sua fé falsa ou verdadeira, os resultados serão sempre os mesmos. Deus não aguarda que você tenha fé raciocinada para ser atendido. Você é atendido no estágio em que se encontra da mesma forma.

Eleva, pois, o teu olhar e caminha. Luta e serve. Aprende e adianta-te. Brilha a alvorada além da noite.

Mesmo que, aos seus olhos, não exista mais solução para o seu caso, não pare, não esmoreça, busque apoio na prece, fale com Deus sinceramente nos apo-

---

7   Idem, ibidem, lição 14.

sentos mentais. Eleve os pensamentos com vibrações positivas e continue caminhando. Continue adquirindo créditos no bem, com boas leituras, bons pensamentos, preces sinceras e contínuas, servindo sempre, não deixando de participar da sua fé religiosa. Quando menos você esperar, as Leis do Universo responderão, positivamente, na proporção de seu trabalho. Depois da noite surge a alvorada repleta de esperança e oportunidade.

Hoje, é possível que a tempestade te amarfanhe o coração e te atormente o ideal, aguilhoando-te com a aflição ou ameaçando-te com a morte... Não te esqueças, porém, de que amanhã será outro dia.

É possível que os problemas enfrentados no dia de hoje sejam tantos, que a aflição tenha tomado conta de seu ideal, parecendo que tudo acabou e que, para você, não existe mais solução. Alguns, por falta de fé em Deus e em si mesmos, como ato de rebeldia às Leis da Vida, arquitetam fugir da vida pelas portas do fundo do suicídio. Não faça isso, jamais, pois ninguém morre! Continuamos a viver em espírito, no mundo espiritual, com os mesmos problemas. Somos Vida, quer no corpo físico, ou fora dele. Nossa existência será repleta de provas; elas são testes que nos ajudam no crescimento. Tenhamos sempre em mente que amanhã será um novo dia, tudo pode acontecer de diferente. Jesus diz que "Para Deus tudo é possível". Continue confiando, mesmo a preço de sacrifício. Lembre-se de que o tempo não passa sem objetivos!...

# 9. CORAÇÕES ENVENENADOS

"Decerto encontrarás, ainda hoje, corações envenenados que destilam irritação e desgosto, medo e fel".

Dá-se o nome de "onda" a uma vibração decorrente de uma emissão de qualquer natureza. Assim, existem ondas elétricas, sonoras, caloríficas, mentais e tantas outras. Quando pensamos, emitimos também vibrações ou ondas, que se propagam e, com isso, entramos em sintonia com aqueles que se encontram na faixa de frequência. Quando nos desarmonizamos, afastamo-nos da sintonia com Deus, e, temos dificuldade de Lhe assimilar o plano. Dizemos, figurativamente, que estamos afastados da Casa do Pai (Deus). O exemplo clássico de *desequilíbrio* e *equilíbrio*, num processo contínuo, é o da parábola do Filho Pródigo. O filho mais moço saiu de Casa, afastando-se para "lugar distante". Quer isso dizer, o afastamento vibracional temporário da Casa Paterna, dentro de si mesmo, afinal, o Reino de Deus está dentro de nós. Posteriormente, após aquisição de experiência, o jovem volta a sintonizar, na faixa de frequência, de sua maturidade, com o Pai (Deus). Diz ele: – "Vou voltar para o meu Pai..." Voltou, então, ao alinhamento com Ele, na faixa de aprendizagem que alcançara naquele fragmento evolutivo. [1]

A Doutrina Espírita nos ensina que vivemos num mundo de vibrações e de frequências vibratórias. Os nossos pensamentos criam vibrações à semelhança das ondas, emitidas e captadas pelos receptores, como o rádio, a televisão, os celulares, que vibram na atmosfera em diferentes faixas de frequências, sem se misturarem. De igual maneira, ocorre com os pensamentos, que se irradiam em faixas evolutivas diferentes, refletindo, em torno de si, as energias emanadas. Vivemos, dessa forma, numa psicosfera que criamos, onde respiramos o céu ou o inferno de nossas emana-

---

1 Ver nosso livro *Filhos de Deus – O amor incondicional*.

ções. De sorte que, cada um de nós, é polo irradiador e polo receptor de energias psíquicas, vivendo, tal como a aranha, nas teias de nossas produções mentais.

Afinal, por que estamos abordando essas questões de frequência, energias, ondas, emanação mental, sintonia vibratória? Emmanuel coloca-nos a possibilidade de encontrarmos, ainda hoje, em nossa vida de relação, corações desequilibrados que, espraiando energias negativas de irritação e desgosto, medo e fel, podem, como dardos venenosos, penetrar em nossa faixa vibracional, atingindo-nos em cheio, vindo a causar-nos estragos incalculáveis no comportamento. Quantas vezes dizemos: – "Puxa, eu estava tão bem, mas depois que falei com fulano, saí nervoso e irritado, e, sem querer, passei isso aos meus filhos, ao meu cônjuge!" Ocorre o mesmo, em sentido contrário, quando nos contatamos com pessoas que emanam serenidade, amor e paz no coração. Dizemos, neste caso: – "Fico sempre calmo e pacificado, quando converso com tal pessoa. Ela transmite tanta paz!" São energias permutadas, em ambos os casos.

É nesta ótica – vale repetir –, que, tanto somos transmissores, como receptores de energia num *continuum* infinito, pois somos espíritos imortais. É por esse mecanismo que desenvolvemos os potenciais divinos, gravados em nossa intimidade. Se estivermos na mesma faixa de sintonia do interlocutor, tudo pode acontecer... Pela projeção do manancial de nossos pensamentos, unimo-nos à luz ou à treva, ao bem ou ao mal. Podemos, assim, contatar com pessoas que se encontram desequilibradas, e não entrarmos em sua onda mental. Dependerá, obviamente, do estado em que nos encontramos, espiritualmente. A fortaleza moral provém do esforço na resistência para o bem, no enfrentamento dos desafios do dia a dia. Em sentido contrário, poderemos receber toda carga emotiva negativa, se estivermos na mesma faixa de sintonia do interlocutor. Do ponto de vista mediúnico, o processo é o mesmo.

A título de exemplo, transcrevemos a história abaixo, que reporta a trajetória do ódio, atingindo numa reação em cadeia, várias pessoas que estavam predisponíveis em frequência vibracional da mesma faixa. O autor espiritual, Neio Lúcio, narra o desfecho feliz quando, neste caso, o ódio se desvanece nos braços do amor... [2]

---

2 XAVIER, Francisco Cândido, pelo Espírito Neio Lúcio *Ideias e ilustrações*, lição: Amor – arma infalível.

AMOR: ARMA INFALÍVEL

Certo dia, um homem revoltado criou um poderoso e longo pensamento de ódio, colocou-o numa carta rude e malcriada e mandou-o para o chefe da oficina de que fora despedido.

O pensamento foi vazado em forma de ameaças cruéis. E quando o diretor do serviço leu as frases ingratas que expressavam aquele sentimento, acolheu-o, desprevenidamente, no próprio coração, e tornou-se furioso sem saber porque. Encontrou, quase de imediato, o subchefe da oficina e, a pretexto de enxergar uma pequena peça quebrada, desfechou sobre ele a bomba mental que trazia consigo.

Foi a vez de o subchefe tornar-se neurastênico, sem dar motivo. Abrigou a projeção maléfica no sentimento, permaneceu amuado várias horas e, no instante do almoço, ao invés de alimentar-se, descarregou na esposa o perigoso dardo intangível. Tão só por ver um sapato imperfeitamente engraxado, proferiu dezenas de palavras feias; sentiu-se aliviado e a mulher passou a asilar no peito a odienta vibração, em forma de cólera inexplicável. Repentinamente transformada pelo raio que a ferira, e que até ali, ninguém soubera remover, encaminhou-se para a empregada que se incumbia dos calçados e desabafou. Com palavras indesejáveis, inoculou-lhe no coração o estilete invisível.

Agora era uma pobre menina que detinha o tóxico mental. Não podendo despejá-lo nos pratos e nas xícaras ao alcance de suas mãos, em vista do enorme débito em dinheiro que seria compelida a aceitar, acercou-se do velho cão, dorminhoco e paciente, e transferiu-lhe o veneno imponderável, num pontapé de largas proporções.

O animal ganiu e disparou, tocado pela energia mortífera, e, para livrar-se desta, mordeu a primeira pessoa que encontrou na via pública.

Era a senhora de um proprietário vizinho que, ferida na coxa, se enfureceu instantaneamente, possuída pela força maléfica. Em gritaria desesperada, foi conduzida a certa farmácia; entretanto, deu-se pressa em transferir ao enfermeiro que a socorria a vibração amaldiçoada. Crivou-o de xingamentos e esbofeteou-lhe o rosto.

O rapaz muito prestativo, de calmo que era, converteu-se em fera verdadeira. Revidou os golpes recebidos em observações ásperas, e saiu, alucinado, para a residência, onde a velha e devotada mãezinha o esperava para a refeição da tarde. Chegou e descarregou sobre ela toda a ira de que era portador.

— Estou farto! – bradou – a senhora é culpada dos aborrecimentos que me perseguem! Não suporto mais esta vida infeliz! Fuja de minha frente!...

Pronunciou nomes terríveis. Blasfemou. Gritou, colérico, qual louco.

A velhinha, porém, longe de agastar-se, tomou-lhe as mãos e disse-lhe com naturalidade e brandura:

– Venha cá, meu filho! Você está cansado e doente! Sei a extensão de seus sacrifícios por mim e reconheço que tem razão para lamentar-se. No entanto, tenhamos bom ânimo! Lembremo-nos de Jesus!... Tudo passa na Terra. Não nos esqueçamos do amor que o Mestre nos legou...

Abraçou-o comovida, e afagou-lhe os cabelos!

O filho demorou-se a contemplar-lhe os olhos serenos e reconhecendo que havia no carinho materno tanto perdão e tanto entendimento, começou a chorar, pedindo-lhe desculpas.

Houve então entre os dois uma explosão de íntimas alegrias. Jantaram felizes e oraram em sinal de reconhecimento a Deus.

A projeção destrutiva do **ódio** morrera, afinal, ali, dentro do lar humilde, diante da **força infalível e sublime do amor**.

É por meio deste mecanismo de projeção de forças psíquicas que permutamos com todas as mentes encarnadas ou desencarnadas no mundo das formas-pensamento, que nos libertam ou nos escravizam na pauta do bem ou do mal, produto de nossa escolha, como faculdade do livre-arbítrio. "Isso acontece porque, à maneira do homem que constrói estrada para sua própria expansão ou que talha algemas para si mesmo, a mente de cada um, pelas correntes de material mental que exterioriza, eleva-se à gradativa libertação no rumo dos planos superiores ou estaciona nos planos inferiores, como quem traça vasto labirinto aos próprios pés". [3]

---

[3] XAVIER, Francisco Cândido, pelo Espírito André Luiz. *Mecanismos da mediunidade*, p. 48.

10. AQUIETA-TE O CORAÇÃO

"Ainda mesmo que te firam e apedrejem, aquieta-te e abençoa-os com a tua paz".

As orientações de Jesus, nas várias lições anotadas pelos evangelistas, expressam, em grande parte, a conquista da calma, como condição imprescindível para *aquietar* o coração, principalmente, diante das naturais adversidades. E ele coloca isso com insistência, embora muitas pessoas, em razão da imaturidade, sejam orientadas a *falar com Deus*, apenas pela prática de alguns rituais. É muito mais fácil e cômoda esta posição. Troca-se a essência pelo acessório. Assim, se carregarmos mágoa, ressentimento, ódio, prepotência, entre tantos outros distúrbios emocionais, criaremos "bloqueios", impedindo colher os benefícios, nesse necessário contato com a divindade. É bem verdade que não conseguiremos essa purificação da alma de forma abrupta, instantânea... Todavia, cada grau de conquista é levado em conta, mesmo que seja um mínimo, pois, na mesma proporção do esvaziamento das emoções negativas, será aberto espaço para a expressão do Pai, em nosso interior. Vamos trazer à colação uma história que, certamente, irá didatizar este ensinamento.

VIDRAÇA SUJA

Dois jovens, recém-casados, mudaram-se para um bairro muito tranquilo. Na primeira manhã que passaram na casa, enquanto tomavam café, a mulher reparou em uma vizinha que pendurava lençóis no varal e comentou com o marido:

— Que lençóis sujos ela está pendurando no varal! Ela está precisando de um sabão novo. Se eu tivesse intimidade, perguntaria se ela gostaria que eu a ensinasse a lavar as roupas!

O marido observou calado.

Três dias depois, também durante o café da manhã, a vizinha pendurava lençóis no varal e, novamente, a mulher comentou com o marido:

— Nossa vizinha continua pendurando lençóis sujos!

E assim, a cada três dias, a mulher repetia seu discurso, enquanto a vizinha pendurava suas roupas no varal. Passado um mês, a mulher se surpreendeu ao ver os lençóis muito brancos sendo estendidos, e, empolgada, foi dizer ao marido:

— Veja, ela aprendeu a lavar as roupas Será que a outra vizinha lhe deu o sabão? Porque eu não fiz nada!

O marido, calmamente, lhe respondeu:

— Não, hoje eu levantei mais cedo e lavei a vidraça da janela!

Devemos olhar antes de tudo, para nossa própria casa, para dentro de nós mesmos. Lave sua vidraça... Abra sua janela...

Pois bem, esta história retrata a dificuldade de vislumbrar-se a beleza *exterior*, quando ainda não a cultivamos *internamente*. As ferrugens no canal de comunicação com a divindade obstam o fluxo das Forças Maiores. É essa ideia que nos passa o ensino de Jesus, no texto de Mateus[1], sobre o olho bom: "A candeia do corpo são os olhos; de sorte que, se os teus olhos forem bons, todo o teu corpo terá luz; se, porém, os teus olhos forem maus, o teu corpo será tenebro-

---

1   Mateus, 6:22-24.

so. Se, portanto, a luz que em ti há são trevas, quão grandes serão tais trevas!"[2] Comentamos com mais amplitude este capítulo em nosso livro *O Segredo das Bem-Aventuranças*.

É preciso estabelecer ordem em nós mesmos, para a recepção dos recursos celestes. Os homens, de um modo geral, confundem mudança *interna*, com prática *externa* nos templos religiosos. Pensam que somente a frequência e a prática de alguns rituais religiosos tenham força de mudança efetiva. Os filiados das organizações religiosas, geralmente, vivem na convicção de que, pelo fato de lerem livros sacros, compartilharem das reuniões, participarem dos cursos, conquistam privilégios especiais aos olhos de Deus. É, certamente, melhor fazer tudo isso do que nada fazer; entretanto, a verdade espiritual se torna lei de Deus em nossa vida, somente na razão direta em que a realizamos em nós. A implantação do Reino de Deus na intimidade é sempre uma construção gradativa. Muitos dizem: – "Eu já 'frequento' a Casa Espírita uma vez por semana, ou, 'participo' do louvor na Igreja Evangélica, ou ainda, 'assisto' à missa aos domingos," e por aí afora. Tudo isto é muito importante! Serve de despertar, mas se não colocarmos em ação a vontade a

---

2   Ler nosso livro *O segredo das bem-aventuranças.*, p. 231-236.

serviço da renovação, seremos apenas meros "túmulos caiados", brancos por fora e cheios de podridão por dentro.

Atentemos ao convite de Emmanuel para que *aquietemos* e, ao mesmo tempo, abençoemos com nossa paz, as pessoas que nos firam e apedrejem, mostrando que este é o único caminho para não se dar guarida ao mal, e a sua consequente propagação. Essa ideia de que – "Eu não levo desaforo para casa", ou "Bateu, levou", entre outras expressões, é responder à ofensa na mesma proporção. Isto identifica que estamos na faixa de entendimento do ofensor. Mas é apenas um convite! Para aceitá-lo é preciso que manifestemos superioridade moral. Por isso, sua aceitação ocorrerá à medida que estejamos, pela maturidade, aptos a entender, que só a paz enfraquece a ira e a desordem mental, das quais o adversário é portador naquele momento. Você já ouviu dizer que "gasolina não apaga fogo?" Se não "apagarmos" o fogo do mal, não podemos avaliar, quanto estrago sua projeção poderá causar.

É nesta visão que Jesus ensina: – "Porque vos digo que se a vossa justiça não exceder em muito a dos escribas e fariseus, jamais entrareis no Reino dos Céus"[3]. É necessário, em primeiro lugar, esclarecer que não se

---

3   Mateus, 5:20.

"entra" no Reino de Deus, como se fôssemos conduzidos ao céu exterior, após a morte, mas um processo de "identificação", dentro de nós, com esse reino imanente, em permanente construção. Como fragmentos divinos, somos "potencialmente", da mesma essência de Deus. E a implantação deste governo de Deus é um processo que não se concretiza apenas, com alguns anos de existência no corpo... É algo que ocorre, lenta e gradativamente, num *continuum* infinito, à medida que nos desvencilhamos das imperfeições. E, quanto aos escribas e fariseus, destaque-se que eram fundamentalistas, presos à letra; aplicavam a justiça, com base na Lei de Talião, aquela "do olho por olho, dente por dente", contrapondo-se a Jesus, que ensinava a lei do amor, com base no desenvolvimento da essência divina.

"É preciso que nos coloquemos no lugar do *ofensor* para que lhe possamos perceber a penúria da alma, de tal sorte que estendamos o nosso amor no que estiver ao nosso alcance. Emmanuel enumera algumas dificuldades e perturbações pelas quais o ofensor pode estar passando, nos mais diversos graus. Talvez esteja ele agindo no clima de enganos lastimáveis, sofrendo constrangedores processos obsessivos, carregando moléstias ocultas, atuando sob a hipnose da ambição desregrada, por irresponsabilidade decorrente de ignorância, sem autocrítica em aflitivo momento de provação. Se entrarmos no clima do ofensor, respondendo em igual ou maior proporção às ofensas, estaremos sendo inconsequentes, *passando recibo* aos insultos e provocações, isto é, aceitando como verdade aquilo que ele lança para fora, naquele momento, e com o que nada temos a ver. É ato de caridade não agravar o desequilíbrio do ofensor com reações impensadas. Lembremo-nos do ensinamento do Mestre: *Não necessitam de médico os sãos, mas sim os doentes*. E é justamente aquele que ofende que está necessitando ser socorrido pela nossa compreensão a fim de ajudá-lo a se restabelecer".[4]

Pela educação religiosa que tivemos, fomos formatados para "apartar" Deus de nós. Temo-Lo no modelo daquelas pinturas sacras do passado que no-Lo retrataram, como uma figura humana, sentado num trono tal qual se assentam os soberanos. É, na realidade, o conceito do Deus judaico-cristão, severo, punidor, que manda os "pecadores" para o inferno e os "bonzinhos" para o céu. São alegorias, naturalmente, e que, para muitos, no estágio em que se encontram, têm sua finalidade. No entanto, entendendo que

---

4 BOBERG, José Lázaro. *O segredo das bem-aventuranças*, p. 121.

Deus não é pessoa, começam a despertar nas culturas atuais, os sinais de compreensão de que Sua manifestação se dá através de Leis na consciência. Procurá-Lo em outro lugar é afastar-se d'Ele. Procuremo-Lo dentro de nós mesmos!...

Assim, o salmista, inspirado, ensina-nos, na realidade, uma técnica de afrouxamento de nossas tensões. As atividades intensas do dia a dia, sem a devida pausa, para o refazimento necessário, levam ao estresse, ou em casos mais graves, à depressão; as energias descontroladas, fatalmente, se alojarão em um órgão de choque do organismo, trazendo-nos doenças do corpo. "Nessa linha de raciocínio, ao ser questionado por Marta, Jesus lhe adverte: – Marta, Marta, você está ocupada e ansiosa com tantas coisas, mas apenas uma é necessária. Maria escolheu a *melhor*, e esta ninguém vai tomar dela".[5] Diante das tribulações, precisamos reservar "um lugar à parte" em nosso santuário interior, para reabastecer de energias divinas. Quando aquietamos a mente, podemos sentir a presença divina, inspirando-nos. Ele está simbolicamente falando: – "*Aquietai-vos*, e sabei que eu sou Deus". Em outras palavras, fique calmo, eu não estou em lugar distante,

---
5 Lucas, 10:38-42. *A bíblia na linguagem de hoje.*

resido em você, eu estou aqui, acesse-me que eu fluirei por você...

Só efetivamente quem está em alinhamento com Deus – como ocorre nos momentos de sintonia com Ele, em oração – pode compreender por que é fundamental *aquietar* a intimidade, abençoando com a paz os que nos ferem e apedrejam. Quando assim respondermos, é porque estamos harmonizados com Sua Luz. Então, "desceu a chuva, e correram rios, e assopraram ventos, e combateram aquela casa, e não caiu", porque nossa casa mental estava edificada sobre a rocha. Nada nos pode abalar... Estamos "um com Ele", recebendo o fluxo de Seu amor que preenche todos os vazios, extasiando-nos de suprema alegria.

11. DAR TEMPO AO TEMPO

"Os desesperados tornarão à harmonia, os doentes voltarão à saúde, os loucos serão curados, os ingratos despertarão..."

Às vezes, queremos que as pessoas tenham a mesma reação, tal como nos comportamos. E, em razão de suas atitudes diversas, surgem, muitas vezes, críticas acerbas e injustas. Ora, isso é impossível. Da mesma forma que impressões digitais, do ponto de vista físico, marcam as diferenças individuais, não há, no mundo, duas pessoas iguais. Como Espíritos imortais, também somos diferentes... Cada um age de acordo com o seu código interno, construído, desde longa data, pelas mais diversas influências: dos pais, das religiões, das escolas e da sociedade em geral. Assim, ninguém é igual a ninguém! Todos nós temos uma maneira própria de ser, de pensar e de sentir, diferente de qualquer outro. Pode até acontecer que alguém diga que conhece uma pessoa muito parecida com você. Pode ser "parecida", mas nunca será "igual!" Sempre há algo, ou pequenas particularidades, que fazem de você uma criatura singular!

Esta é uma das razões por que comparar as pessoas é uma grande bobagem, pois somos seres únicos. Já passamos por experiências e vivências, infinitas, atravessando inúmeras existências físicas, e, em cada uma delas, acumulamos conhecimentos e reações, que nos diferenciam. Somos únicos em termos universais. Não há ninguém igual a nós. Não é extraordinário isso? Diz-se, por essa razão, figurativamente, que a "forma em que Deus nos fez, Ele jogou fora". Na realidade, somos nós os construtores do próprio destino... Daí porque, não queira ser igual a ninguém, deixando de desenvolver os próprios potenciais. Nunca viva uma vida que não a sua! Seja você mesmo em qualquer situação.

Na verdade, onde você estacionou com seus valores em crescimento, para se transformar em "cópia" dos outros, terá um dia que retornar, pois somos responsáveis pelo nosso crescimento, de acordo com nossa natureza divina. Analise, por exemplo, o que prescreve o 7.º mandamento do decálogo: "Honrar os pais". O preceito não recomenda ser igual a eles, pois, imitá-los, é abandonar a criatividade e perder a função da Vida, que é dar pleno desenvolvimento dos seus potenciais divinos. Buscar repetir o que nossos pais fizeram é abandonar o livre-arbítrio, conquista que nos permite fazer escolha. Para sermos iguais aos nossos pais, que nos façamos diferentes deles. Muitas vezes, os próprios pais querem que os filhos sejam iguais a eles, sendo, neste caso, anseios para consigo próprios disfarçados. Trata-se de sonegação do livre--arbítrio. Medite sobre a parábola dos talentos. Cada um deve conta de sua administração!... Conta-se que foram cobrar de um jovem rabino o motivo pelo qual ele diferia dos caminhos de seu pai, que fora fundador de uma dinastia de rabinos. Ele respondeu: – "Não é verdade. Eu faço exatamente como o meu pai: ele nunca imitou ninguém e eu também nunca imitei ninguém. Somos iguais". [1]

Se nos estribarmos no entendimento da *unicidade* de existência – uma única encarnação –, em que o tem-

---

1   Resumo do texto Honrar os Pais de Nilton Bonder, livro *Código penal celeste*, p. 79.

po de vida é contado pelo registro civil, entre o espaço da certidão de nascimento e a de óbito, esse interregno seria extremamente exíguo para aperfeiçoamento dos potenciais divinos, que portamos, em estágio embrionário. Chegaríamos ao final do fragmento existencial, sem cumprirmos o ensinamento de Jesus: "Brilha a vossa luz!" Somos luzes, obviamente, mas em estado potencial. Cabe a cada um, gradativamente, ampliar a resplandecência desse foco, à medida que evolui em espírito, na marcha evolutiva.

Fixados na ideia de existência única, seria destituída de verdade a afirmação de Emmanuel de que "Os desesperados tornarão à harmonia, os doentes voltarão à saúde, os loucos serão curados, os ingratos despertarão..." Afinal, não presenciamos diariamente, diante de lágrimas comovedoras, o afastamento, pela morte, de pessoas queridas, carregando todas essas mazelas? Tão-somente a transferência para o mundo espiritual não garante santidade ou a cura de ninguém. "A morte do corpo não conduz o homem a situações miraculosas. Todo processo evolutivo implica gradação. Há regiões múltiplas para os desencarnados, como existem planos inúmeros e surpreendentes para as criaturas envolvidas de carne terrestre".[2]

---

2   XAVIER, Francisco Cândido, pelo Espírito André Luiz. *Nosso lar*, lição 7.

Assim, deixaremos o corpo, mas continuaremos com o mesmo patrimônio adquirido. Só com o tempo, cada ser, no ritmo próprio de aprendizagem, consegue extinguir os males que contraiu.

No entanto, se pensarmos em termos de pluralidade de existência – várias encarnações – encontraremos explicações racionais e lógicas sobre os "porquês" dos nossos problemas atuais, e a consoladora perspectiva de reequilíbrio de nossas anomalias, sejam elas quais forem. No tempo do entendimento, pelo despertar da consciência, cada ser começa sua reestruturação. Não existem situações definitivas de sofrimento. Tudo é aprendizagem. As dores e sofrimentos são provisórios, e surgem como mecanismo de 'alerta' para o reajuste da aprendizagem. Dizem que, os problemas são "despertadores" (desperta-dor), pois que tentam nos acordar para a vida. E mais ainda, com a pluralidade de existências, a Luz *em potência*, que cada um traz, será despertada gradativamente, pela maturidade. E, assim, passo a passo, cada Espírito será o construtor de sua felicidade. Pelo natural *insight* e a consequente correção dos desvios da estabilidade emocional, troca-se o desespero pela harmonia, a doença pela saúde, a loucura pela sanidade e a ingratidão pela felicidade.

Essa transformação, no entanto, não "cairá do

céu", só com o cultivo da esperança, ou simplesmente, porque você é cristão, muçulmano, budista, etc. Você pode até não ter crença alguma, porque a fé, "na realidade, nasce com a própria alma, demonstrando a certeza instintiva na Sabedoria de Deus, que é a sabedoria da própria vida". [3] É a sua convicção no próprio poder, porque o Deus, que nos dá força, está latente em todos. Mas é uma potência que se não for ativada, não será atualizada. É o homem que, no seu devido tempo de entendimento, acionará Deus. Por isso, no momento certo, com criação mental e trabalho convicto na direção desejada, encontraremos respostas da Lei do Universo, da qual somos fragmentos. Entendamos que Deus não age por você. Ele se manifesta em você!...

É nesta linha de compreensão que encontramos as sugestivas palavras de Jesus: – "Pedi, e dar-se-vos-á; buscai e achareis; batei e abrir-se-vos-á". Entendamos que o *pedir*, o *buscar* e o *bater*, para o Evangelho, nada têm a ver com Deus pessoal, mas unicamente, com o próprio homem, pois o que se está propondo é uma técnica do uso correto da mente. Não se trata, portanto, de um pedido para que Deus resolva os nossos problemas, como sói acontecer no entendimento

---

[3] Idem, pelo Espírito Emmanuel. *Pensamento e vida*, lição 6.

dos pregadores religiosos: – "Peça que Deus vai resolver o seu problema!" Este 'alerta' do Mestre deve ser entendido como o esforço e insistência que devemos empreender na vitória do Bem. Por isso, não basta só o desejo, e permanecer aguardando ociosamente para receber. De manhã quando você acorda, você tem simplesmente duas opções: voltar a dormir e sonhar ou levantar e correr atrás de seus sonhos. A escolha é sua. A fé que não se traduz em ação, é morta, já dissera o Apóstolo Tiago. Trabalha que o Deus que está em você se manifestará...

Percebeu, por que é impossível, no exíguo espaço de tempo, de uma única existência, atingir a condição de bem-aventurado? Daí o porquê de insistirmos que as bem-aventuranças propostas por Jesus, no texto de Mateus não podem ser interpretadas sob o curto espaço de tempo, de uma única existência, diante da eternidade. Entendamos que os ensinamentos ali expostos, embora insuperáveis, são irreais, impossíveis e inaplicáveis se estivermos presos à ideia de *existência única*. É por isso que, sob esta ótica, foi preciso criar a alegoria do céu e do inferno, Juízo Final, entre tantas fantasias sobre o julgamento divino. No entanto, pela lógica da reencarnação, tudo se descomplica, pois, só através dela, é que o homem conseguirá a aplicação das bem-aventuranças. Tudo é questão de tempo!

Desta forma, embora os verbos das bem-aventuranças estejam colocados no futuro, *serão consolados*, *herdarão* a Terra, *serão* fartos, *alcançarão* misericórdia, *verão* a Deus, *serão* chamados filhos de Deus, estão eles enfatizando a certeza das conquistas espirituais, não estão indicando, como condição fechada, a necessidade um período de espera, para que só no futuro sejamos agraciados com a felicidade. [4] Entenda que esta premiação, ou talvez, melhor seria dizer "conquista individual", ao longo de inúmeras existências, é sempre um processo, sem sentença final. "A completa felicidade prende-se à perfeição, isto é, à purificação completa do Espírito. Toda imperfeição é, por sua vez, causa de sofrimento e de privação de gozo, do mesmo modo que toda perfeição adquirida é fonte de gozo e atenuante de sofrimentos".[5] Entendendo sob este ângulo, todos serão perfeitos – ainda que, de forma relativa – cada qual em seu estágio de desenvolvimento.

Sob esta visão progressista da Doutrina Espírita podemos afirmar, categoricamente, com Emmanuel

---

[4] Ver comentário em nosso livro *O segredo das bem-aventuranças*, p. 31-39.
[5] KARDEC, Allan. *O Céu e o Inferno*, cap. 7, item 2

"Os desesperados tornarão à harmonia, os doentes voltarão à saúde, os loucos serão curados, os ingratos despertarão..." Basta dar tempo ao tempo!

12. A LUZ DOMINA AS TREVAS

"É da Lei do Senhor que a luz domine a treva, sem ruído, sem violência".

Segundo nos ensina a Doutrina Espírita, começamos a trajetória evolutiva do ponto zero: *simples* e *ignorantes*, isto é, sem conhecimento, mas com todo o potencial para a perfectibilidade. Da ignorância para o conhecimento; da imperfeição para a perfeição; do erro para o acerto; da treva para a luz. Este é o processo natural, sem qualquer pieguismo religioso, ou ideia de castigo de Deus para os que não atingiram determinado patamar. A verdade é que, quanto mais superarmos as imperfeições, mais luzes adquiriremos e, por consequência, mais felizes seremos. Não somos punidos por Deus, quando erramos. A Lei divina, sendo a expressão da Onipotência em nossa consciência, nos dá somente "avisos" quando estamos em dissonância com ela; "bate-nos à porta", com dores de natureza diversa, alertando-nos para a correção de rumos. Não pense, todavia, que encarnamos para "sofrer". Os "avisos" são consequências de nossas ações.

"Deus não leva em conta os nossos tempos de ignorância" [1], diz o ensinamento bíblico, pois, sendo o crescimento relativo ao estado de madureza individual, estamos saindo, episodicamente, de um grau menor para um grau maior de aperfeiçoamento. Entendamos, ademais, que, do ponto de vista espiritual, não existe término de jornada, mas etapas vencidas, num *continuum* infinito... Hoje deveremos estar, em tese, melhores do que ontem; amanhã mais evoluídos do que hoje. Por isso, não agasalhemos qualquer espécie de crise de consciência, porque erramos. Não é "ilícito errar", faz parte do processo de ensaio e erro, e, é através deste mecanismo, que aprendemos. A natureza sempre nos dá "toques", com sensações de mal-estar, quando estamos fora de sintonia com a Lei, mostrando-nos a necessidade de retorno à Casa do

---

1   Atos, 17:30.

Pai. Só a reversão da situação, assegura-nos o bem-estar e harmonia.

As mudanças ocorrem lentamente, de forma quase imperceptível, a ponto de nós mesmos, só depois de muito tempo, através de erros e acertos, percebermos que já estamos agindo de maneira diferente de outrora, para o bem, é óbvio... Aprendendo com a Natureza, reconheçamos que a semente, ao ser lançada ao solo, recebe o auxílio da adubação, da água e do sol, mas deve trabalhar "dentro de si" para produzir. De igual sorte, não somos nós que aguardamos os benefícios da Luz Divina. É a Luz Divina – força imperecível e eterna –, sob o domínio de cada um, que aguarda por nós. Somos nós, portanto, que acionamos Deus, pela ação renovadora no Bem.

Em nosso livro *A oração pode mudar sua vida*, trouxemos, a título de exemplo, uma comparação simbólica, entre o Sol e Deus, para, didaticamente, entendermos como ocorre esse mecanismo de sintonia, em nossa intimidade. O astro rei é comumente utilizado para simbolizar Deus, em nossas vidas. Um homem está numa sala hermeticamente fechada, sem qualquer luminosidade. Para que a luz chegue a ele, não haverá necessidade de pedir que o Sol emita os seus raios; basta que se abra a janela na direção àquele astro luminoso, e, conforme a dimensão da abertura da janela, esta será a quantidade de energia solar que receberá. Da mesma forma, Deus, onipresente, está sempre disponível a todos os Seus filhos. Quando oramos, de acordo com a maior ou menor ampliação de nossa finitude, em consonância com o nosso livre--arbítrio, é que teremos em maior ou menor quantidade a Energia Divina, fluindo em nós.[2]

A luz divina, tal como o Sol, projeta-se, lentamente, sem *ruído* e sem *violência*, dominando a escuridão, de acordo com a dimensão do espaço. A Lei não violenta ninguém, e, silenciosamente, penetra no espaço que lhe é concedido. Deus dá a cada um de acordo com suas obras, ou seja, de acordo com sua capacidade. Da mesma forma, em nosso cotidiano, quando resolvemos fazer uma "faxina" em casa, dos objetos guardados há anos, pelos mais diversos motivos. O que acontece? O espaço desocupado passa a ser preenchido pelo ar puro, higienizando o ambiente.

Analogamente, ocorre conosco, à medida que decidimos mudar. Como é difícil! Não se trata, simplesmente, de um ato de se "deletar" algo indesejável, como o fazemos no computador. Agora, o trabalho é de "apagar" as desarmonias emocionais, já gravadas,

---

2   Ver nosso livro *A oração pode mudar sua vida*, p. 151.

há tanto tempo, em nossas redes neurais. Os sentimentos de mágoa, ódio e ressentimento, entre tantos outros, que estão presos a sete chaves, são os inquilinos do inconsciente. Para fazer a "faxina" mental e abrir espaço para Deus, os inquilinos devem desocupar a casa mental. Este não é um despejo, cuja sentença é decretada por um poder externo – o Judiciário –, mas só pode ocorrer pela decisão soberana de um poder interno, manifestado pelo livre-arbítrio. E este se manifesta, gradualmente, à "medida que o Espírito adquire a consciência de si mesmo".[3] Veja que a saída das trevas – imperfeições – para a Luz, a escolha é determinada pela vontade de cada um!

Você quer a manifestação de Deus, permanentemente, em sua intimidade? Então comece a trabalhar para fazer a limpeza dos entulhos mentais. "Transformai-vos pela renovação de vossa mente, para que proveis qual é a boa, agradável e perfeita *vontade* de Deus", ensina Paulo.[4] Entenda-se *vontade*, simbolicamente, como Lei de Deus. Na realidade Deus não impõe Sua lei. Você é que, com trabalho mental e convicção, trabalha para o alinhamento com ela. Não adianta transformação aparente na feição exterior,

---

3   KARDEC, Allan. *O Livro dos Espíritos*. Questão 122.
4   Romanos, 12:2.

pois, conforme afirmou Jesus, "o Reino de Deus não se desenvolve com "aparência externa". A renovação deve ser uma decisão pessoal, pois ela vai ocorrer na intimidade, por vontade firme e consciente. Não se engane! Esse é o "único" caminho para que a Energia Divina preencha o espaço liberado; e isto ocorre à medida da desocupação dos "entulhos mentais".

Certamente, nessa empreitada, enfrentaremos dor e sacrifício, aflição e amargura, mas, com o tempo, aprendemos a interpretar esses "toques" da alma, como mecanismo de sublimação e que, uma vez vencidos, alargam nossa visão espiritual. "Bem-aventurados os aflitos, porque eles serão consolados"[5], disse-nos o Mestre. A consolação não se traduz por mera "acomodação", mas, sim, pela "compreensão" dos *avisos* para que possamos continuar, sem esmorecer. E é somente pela execução de nossos deveres, na concretização do bem, que alcançaremos a "compreensão" deste mecanismo evolutivo.

Acredite, Deus está só aguardando você colocar em ação o desejo de renovação, para, silenciosamente, fazer jorrar a Sua Luz. É possível que, neste momento, esta Luz esteja embaçada, impedindo que Seus raios refuljam plenamente. Recebemos Sua presença, na

---

5   Mateus, 5:4.

proporção da nossa posição receptiva. No entanto, Ele não vai violentar o seu livre-arbítrio, nem vai punir ninguém. O estado de "prontidão" para mudança é consequência da maturidade de cada um. Ele aguarda, sem *ruído* e sem *violência* o seu despertar!

Daí, quando ouvimos líderes religiosos amedrontarem seus fiéis, com ideias de punição, assédio de satanás, sofrimento no fogo do inferno, entre tantos conceitos infantis, tudo em nome de Deus, vemos isso como um grande equívoco! Criam mecanismos de punição e dizem que são de Deus!... Tanto é verdade, que a Bíblia, embora tenha, em alguns momentos inspiração divina, é palavra dos homens, mesmo! Tem gente de mente fértil, "acreditando" que são "eleitos" por Deus, e se autonomeiam representantes d'Ele. Nessa função, são pródigos na criação das mais absurdas fantasias. Atente, tão-somente, para os conceitos do Juízo Final, Céu, inferno, Tribunal Divino, entre tantos outros, tudo para algemar, pelo medo, os "clientes" às suas crenças. Veja como é bem diferente o que André Luiz nos conta sobre o seu tratamento, na colônia espiritual *Nosso Lar*: "Não me defrontavam tribunais de tortura, nem me surpreendiam abismos infernais; contudo benfeitores sorridentes comentavam-me as fraquezas como quem cuida de uma criança desorientada, longe das vistas paternas" [6].

Entendamos, então, conforme já exposto que, para a Doutrina Espírita não existem tribunais externos. Todo julgamento, estejamos no corpo físico ou fora dele, é realizado pela consciência, em que, se encontram as Leis de Deus. Ninguém – a não ser no desrespeito às leis humanas – será punido por divindade alguma. Mesmo porque, errar é prerrogativa do livre-arbítrio e, como ele é construído pela consciência, o Espírito é sempre o seu "próprio juiz", e o mais importante: no momento de entendimento. "A religião e a moral projetaram sobre a jurisprudência celeste, torpes ilusões derivadas da justiça terrena. Pior, projetaram uma justiça terrena de pouca qualidade"[7]. Dessa forma, para compreendermos do que se trata a justiça celeste, temos que nos liberar da propaganda que fez dos céus um repositório de fantasias terrenas.[8]

É esse o sentido, segundo entendemos, de que "É da Lei do Senhor que a luz domine a treva, sem *ruído*, sem *violência*". Assim sendo, o julgamento divino não

---

6   XAVIER, Francisco Cândido, pelo Espírito André Luiz. *Nosso lar*, p. 34.
7   BONDER, Nilton. *Código penal celeste*, p. 16.
8   Ver nosso livro, *Código penal dos espíritos* – A justiça do tribunal da consciência.

se dá mediante as "interações entre os indivíduos", mas no íntimo de cada um. Nunca haverá condenação pela Justiça Celeste, mas sim, "alerta", de tal sorte que o erro é sempre entendido como mecanismo de aprendizagem, num processo contínuo de experiências, em busca da Perfeição.

13. TUDO PASSA

"Recorda-te que toda dor, como toda nuvem, forma-se, ensombra-se e passa..."

Quem nunca sentiu uma dor? A dor é definida como uma experiência sensorial ou emocional desagradável associada a uma lesão real ou potencial dos tecidos. A sensação dolorosa altera o humor, o apetite e o sono, provoca queda no sistema imunológico, levando ao estresse físico e psicológico, entre outras consequências que impactam diretamente na qualidade de vida. Dores físicas, morais, espirituais, emocionais visitam-nos constantemente. Não importam as condições sociais, a idade, a profissão, a posição hierárquica na sociedade; ninguém está isento de suas manifestações. Uns mais, outros menos, de acordo com a necessidade de cada um, sentem o acicate da dor. Mas elas aparecem sempre, sem que esperemos, não é mesmo? Talvez você esteja, neste exato momento, acabrunhado com determinado problema, que vem lhe causando tanta dor, e parece até que não terá mais fim. No entanto, não se desespere, uma solução virá.

Entendamos, porém, que as dores são testes que, se enfrentados com tenacidade e persistência, acabam ensinando-nos uma lição. Toda dor tem função terapêutica; ela é, portanto, útil e educativa, e quando nos atinge é para auxiliar na nossa evolução. No momento que a dor chega, parece infinita, no entanto, *tudo passa*. Tudo tem um motivo para acontecer, e este motivo é voltado para nosso próprio bem; assim compreendendo, teremos mais ânimo para enfrentar as adversidades necessárias. Não adianta pedir o afastamento da dor. Ela passará no momento oportuno. Temos que aprender a encará-la como um desafio a ser vencido que nos convida à superação através de atitude mental positiva e de conduta disciplinada. A dor significa possibilidade de enriquecer a alma. Nós aprendemos com a dor, embora não queiramos entender essa mecânica. As causas para sua eclosão são manifestadas pelos mais variados motivos: filhos-problema, separação conjugal, demissão de emprego, solidão, amargura, perda de ente querido, desentendimento amoroso, angústia, ansiedade (muitas vezes, já quase caminhando para depressão, doença que zomba da Medicina), entre tantos outros. Procuremos auscultar esses problemas que o corpo nos comunica, investigando o que eles querem nos mostrar... A dor é a maneira encontrada pelo corpo para chamar a atenção para um problema. Portanto, não é normal sentir dor. É necessário avaliá-la levando em consideração intensidade, frequência e duração, para tratá-la devidamente.

Entenda, todavia, que você não é o único que sofre, porque, afinal, as dores em suas várias manifestações (aflição, angústia, ansiedade, mágoa, ressentimento, enfermidade, etc.) fazem parte da aprendizagem evolucional. Ninguém gosta de sofrer, a não ser que sejamos portadores de distúrbio comportamental do "masoquismo", mas, mesmo assim, com tratamento psicológico, a criatura pode ser curada. Se nós não fôssemos "despertados" pelas dores, não corrigiríamos os desvios de conduta. Tudo continuaria igual, e não teríamos condições de nos ajustarmos. Já imaginou se, na escola, o aluno nunca tivesse avaliação de aprendizagem? Como verificar se aprendeu ou não? É mais ou menos por esta ótica, que devemos avaliar o surgimento da dor. São aferições que apontam os pontos vulneráveis que precisam ser corrigidos em nosso comportamento; os ajustamentos efetuados levam a um maior grau de perfeição. Dores são "avisos" pelos quais nossa natureza comunica que algo está errado em nossa conduta.

Já pensou, se nada na vida nos cobrasse? E, se fizéssemos sem pensar tudo o que bem entendêssemos? Seríamos uma espécie de "carros sem freios", ou "animais sem rédeas", e o resultado seria desastroso. Desenvolveríamos a soberba, o egoísmo, a prepotência, e não teríamos parâmetros para a convivência social. Aliás, seria um caos... Precisamos, sim, de obstáculos que nos coloquem frenagens aos excessos, ajudando-nos a repensar continuamente os atos. Daí porque os chamados inimigos sinceros têm uma valia extraordinária – embora a maioria refute essa ideia – pois eles nos atacam os pontos fracos, metem o dedo na ferida de nossas vaidades, apontam-nos, sem piedade, os erros; enquanto os amigos, por serem amigos, contemporizam as nossas falhas... Então, os inimigos nos causam angústia, mas evitam que cometamos imprudências, as quais, fatalmente, serão cobradas amanhã! Os inimigos sinceros (volto a repetir!) são como "fiscais" de nossa conduta. Talvez, também, por esse ângulo, possamos apreender a essência da recomendação de Jesus: "Amai os vossos inimigos e orai pelos que vos perseguem".

Dessa forma, a orientação de Emmanuel para que estejamos atentos a que "toda dor, como toda nuvem, forma-se, ensombra-se e passa", pode ser, agora, encarada sob uma visão mais espiritual e menos material. À primeira vista, parecem-nos apenas conselhos poéticos que se desfazem diante de situações concretas. Contudo, entendamos que, na realidade, *tudo passa*, dependendo da maneira como interpretamos os problemas, no momento em que os estamos enfrentando. Problemas e doenças são "sinais" de emergência para que possamos mudar de comportamento. Uma simples dor de cabeça pode ser um aviso para que você analise as causas. Um analgésico resolve, ou adia, por alguns momentos, o problema. Mas, se não buscarmos "as causas", não eliminamos a doença. Elas são 'recados' que precisamos levar a sério, principalmente, as enfermidades que se repetem. Do ponto de vista físico, dores de cabeça, alergias de pele, má digestão, todos esses distúrbios querem nos mostrar algo. Saber procurar e achar as causas deles são atitudes sábias.

Não diz o povo – corta-se o mal antes que ele cresça?

Quando estamos dirigindo um veículo, e a luz do painel acende, automaticamente sabemos que se trata de "um aviso" de que algo precisa ser corrigido. Do ponto de vista emocional, a coisa funciona mais ou menos de forma semelhante. Sensações de tristeza, angústia, desconforto, entre outras, são também "avisos" de nosso íntimo de que algo não anda bem conosco. Obviamente, temos que sanar a "causa" daqueles "efeitos". Assim, depois de interpretarmos o que aqueles "sinais" querem nos dizer, temos que refazer certos comportamentos que foram causadores (causa-dores) dos problemas. É assim que colhemos experiências. Esse trabalho não pode ser feito por ninguém! Somos nós mesmos o melhor secretário de nossas ações.

A comparação da dor, com as nuvens ensombrando o firmamento, é altamente didática. Quantas vezes observamos o céu carrancudo, carregado por nuvens escuras, tudo indicando que, brevemente, teremos chuvas pesadas. No entanto, depois de algum tempo, as nuvens desaparecerão e o Sol voltará a brilhar. Como vimos, as aflições têm, analogamente, a mesma função. A Natureza nos informa que estamos em dissonância com ela, por meio de sensações. Decodificada a linguagem da natureza, as nuvens escuras da alma se dissipam e volta-se à harmonia... Ratificando, quando essas sensações aparecem é para que tomemos consciência. Como todo efeito tem uma causa, ao recebermos os "toques", por meio de sensações, é para que encontremos as causas, que são sempre consequências de nossos atos.

Trazemos para reflexão, nessa linha de entendimento, um dos mais belos poemas de Emmanuel, vazado pela mediunidade de Francisco Cândido Xavier, com o título "Tudo passa". Nele, você tem um roteiro seguro para entender o sentido da dor como "avisos" da natureza, para correção de certas condutas equivocadas. Aguardemos com paciência, pois, *tudo passa*, uma vez cumprido o recado da alma.

TUDO PASSA

Todas as coisas, na Terra, passam...
Os dias de dificuldades passarão...
Passarão também os dias de amargura e solidão...
As dores e as lágrimas passarão.
As frustrações que nos fazem chorar...
um dia passarão.
A saudade do ser querido que está longe, passará.

Dias de tristeza... Dias de felicidade...

São lições necessárias que, na Terra, passam, deixando no espírito imortal as experiências acumuladas.

Se hoje, para nós, é um desses dias repletos de amargura, paremos um instante.

Elevemos o pensamento ao Alto, e busquemos a voz suave da Mãe amorosa a nos dizer carinhosamente: isso também passará...

E guardemos a certeza, pelas próprias dificuldades já superadas, que não há mal que dure para sempre.

O planeta Terra, semelhante à enorme embarcação, às vezes parece que vai soçobrar diante das turbulências de gigantescas ondas.

Mas isso também passará, porque Jesus está no leme dessa nau, e segue com o olhar sereno de quem guarda a certeza de que a agitação faz parte do roteiro evolutivo da humanidade, e que um dia também passará...

Ele sabe que a Terra chegará a porto seguro, porque essa é a sua destinação.

Assim, façamos a nossa parte o melhor que pudermos, sem esmorecimento, e confiemos em Deus, aproveitando cada segundo, cada minuto que, por certo..., também passarão..."

"Tudo passa..., exceto DEUS!"

Deus é o suficiente!

Após a reflexão desta consoladora mensagem,

mesmo diante das situações "aparentemente" insolúveis, lembremo-nos do ensinamento do Mestre: – "Deixo-vos a minha paz, minha paz vos dou, mas não como o mundo a dá. Não se turbe o vosso coração, nem se atemorize".[1] A mensagem acalma-nos o coração, mas não conclama ociosidade. Fala o Mestre da paz de espírito, que se deve conquistar, "espelhando-se" nele, mas não aguardando que "seja solucionado" por ele.

A paz não é uma doação sem trabalho, mas uma conquista trabalhando. Muitos pensam que basta crer nas palavras de Jesus que ele dará um "jeitinho", resolvendo os nossos problemas. Muitos pregadores dizem com insistência em seus púlpitos: – "Entreguem tudo nas mãos de Jesus!" Ou, então, "entreguem nas mãos de Deus; Ele é poderoso e vai resolver seus problemas". Isso pode até funcionar como sugestão, mas não como verdade! Se assim fosse, não teríamos livre-arbítrio. Deus comandaria nossos destinos e não teríamos culpa de nada... Na realidade, isto é pregar comodismo... Assim, a paz não vem de fora, mas de construção permanente em nossa intimidade. Ela só se desenvolve na *ação* e não na *inação*... Não se trata, portanto, de uma paz medida por circunstâncias ex-

---

[1] João, 14:27.

ternas, mas uma paz que emana de dentro de cada um; não é um tipo de paz que depende de ausência de conflitos, mas do tipo que permanece constante, mesmo diante das naturais dificuldades. É um trabalho de tempo, que só a pluralidade de existências pode explicar.

14. ACALMA-TE

"Se outros gritam e oprimem, espancam e amaldiçoam, acalma-te e espera."

Cada criatura manifesta, nas relações sociais, o reflexo de sua aprendizagem. Assim, não se podem exigir comportamentos iguais de maturidades desiguais. Como somos Espíritos diferentes, em razão da evolução, haveremos de conviver sempre com dissensões das mais variadas ordens. Ninguém é igual a ninguém! Todo material no Universo, incluindo você e eu, irradiamos uma assinatura energética única. É por isso que, se nos encontramos em grau mais elevado de entendimento, cabe-nos demonstrar superioridade espiritual para compreendermos a desordem emocional por que passa o companheiro de jornada, naquele momento. Não é justo quem já atingiu maior visão espiritual, entrar na faixa de desentendimento dos irmãos em desequilíbrio, envolvidos na sombra do desespero, quando sabemos, no dizer de Jesus, que "os doentes precisam de médico". A ação deve ser apaziguadora, ou, pelo menos, não "entrar no clima" do transtorno emocional do irmão em desequilíbrio, passando recibo. É nessa linha que André Luiz ensina: "Nas lutas habituais, não exija educação do próximo. Demonstre a sua"[1].

Pode ser que hoje estejamos mais calmos, mas ontem, no entanto, já nos expressamos da mesma forma, gritando e oprimindo, espancando e amaldiçoando. Quantas vezes fomos mal educados, dando azo aos nossos instintos animalescos, causando atmosfera de desarmonia ao ambiente, desencadeando, nos circunstantes, choros e desordem de toda natureza. Devemos entender, todavia, que o que criticamos hoje, certamente, retrata nosso comportamento de ontem. Assim, antes da tomada de posição em relação a terceiros, pensemos um pouco mais para não agravar a situação.

---

1 XAVIER, Francisco Cândido. *Agenda cristã*, lição 37.

Procuremos nos acalmar diante de qualquer situação. Saibamos, no entanto, que isso não é fruto de aprendizagem nos manuais de conduta, ou porque recebemos orientação em nossa casa religiosa. Mudança é consequência de exercício, cujo resultado positivo é fruto do tempo. Ninguém se torna "calminho", simplesmente porque "sabe", teoricamente como agir, mas pelo que se "conquista", no aprendizado persistente. "Saber não é tudo. É necessário fazer. E para bem fazer, homem algum dispensará a calma e a serenidade, imprescindíveis ao êxito...". [2] Vem-nos à mente, neste momento, um fato narrado por Ramiro Gama no livro *Lindos Casos de Chico Xavier*, chamado de "Água da paz". Você conhece? Pois o médium mineiro, excelente contador de história e fatos que estavam ligados aos ensinamentos da doutrina espírita e à fraternidade, nos conta esta, fornecendo-nos, uma fórmula para nos mantermos "calmos", evitando irritações sem atirarmos veneno nos outros.

A ÁGUA DA PAZ

"Em torno da mediunidade, improvisam-se, ao redor do Chico, acesas discussões. É, não é. Viu,

---

2   Idem, pelo Espírito Emmanuel. *Pão nosso*, lição 112.

não viu. E o médium sofria, por vezes, longas irritações, a fim de explicar sem ser compreendido. Por isso, à hora da prece, achava-se quase sempre, desanimado e aflito. Certa feita, o Espírito de Dona Maria João de Deus compareceu e aconselhou-lhe:

— Meu filho, para curar essas inquietações você deve usar a Água da Paz.

O médium, satisfeito, procurou o medicamento em todas as farmácias de Pedro Leopoldo. Não o encontrou. Recorreu a Belo Horizonte. Nada. Ao fim de duas semanas, comunicou à genitora desencarnada o fracasso da busca. Dona Maria sorriu e informou:

— Não precisa viajar em semelhante procura. Você poderá obter o remédio em casa mesmo. A Água da Paz pode ser a água do pote. Quando alguém lhe trouxer provocações com a palavra, beba um pouco de água pura e conserve-a na boca. Não a lance fora, nem a engula. Enquanto perdurar a tentação de responder, guarde a água da paz, banhando a língua.

O médium baixou então, os olhos, desapontado. Compreendera que a mãezinha lhe chamava o espírito à lição da humildade e do silêncio".

Que tal esta técnica? Vamos experimentar, educando-nos diante dos ímpetos negativos, que tanto mal causam a nós mesmos, e àqueles que convivem conosco. É uma fórmula simples que podemos colocar em prática. No fundo, a fórmula está nos incentivando ao exercício da paciência. Às vezes, tencionamos mudar comportamento indesejável, mas desistimos diante da primeira prova. Vamos errar muitas vezes, mas, com o tempo, aprenderemos, desde que continuemos insistindo. Chegará o momento, em que agiremos corretamente, sem expendermos qualquer esforço nesse sentido.

Quando você está a ponto de estourar mentalmente, diante de situações difíceis, o remédio é "silenciar" por alguns instantes, adentrando-se na câmara silenciosa da alma, para encontrar, por sintonia, neste lugar à parte, um pouco de paz para meditar. No silêncio, a voz de Deus ressoa, trazendo-nos respostas aos problemas. Havendo dificuldades de sintonia, coloque uma música calma no estilo *New Age*, ou *clássica*, bem suave. Ouça por alguns instantes, respirando profundamente, até que você consiga esta sintonia com o Absoluto. Aí a conversa é de Pai para filho. Se estiver com vontade de chorar, chore! Mas permaneça neste contato até o 'esvaziar' de todas as tensões, e o sentir da presença d'Ele, penetrando suavemente em cada espaço de seu recipiente mental.

Enfrentamos, nas lutas diárias, dificuldades de toda natureza. Assim é possível que você esteja passando, neste momento, por situações que lhe intranquilizam a alma. "Se você está sofrendo por moléstias no próprio corpo, ou enfermidade de pessoa querida; se está padecendo por prejuízos materiais; se perdeu alguma afeição; se deixou para trás oportunidade valiosa; se apareceram contrariedades; se praticou algum erro; se não atingiu o que desejava... Seja qual for a dificuldade, conserve a *calma*, trabalhando, porque, em todo problema, a serenidade é a cobertura da alma, pedindo o serviço por solução."[3]

---

[3] XAVIER, FRANCISCO CÂNDIDO, pelo espírito André Luiz. O Espírito da Verdade, lição Calma, FEB.

15. TUDO É POSSÍVEL

"Não olvides a palavra do Mestre quando nos afirmou que a Deus tudo é possível..."

O princípio inteligente habita todos os seres da Natureza, desde os seres iniciantes da Criação, passando por todas as escalas, até atingir a idade da razão, despertando-se no homem; neste, o princípio inteligente se *individualiza*. Informa Kardec, com a colaboração de seus interlocutores espirituais, que: "Na natureza, tudo se encadeia, passando pelo átomo primitivo até o arcanjo, que também começou pelo átomo. Antes de entrar no período da humanização, isto é, transformar-se em Espírito, *o princípio inteligente* vai se elaborando lentamente, numa série de existências anteriores; há um *ensaio*, sendo que o ser humano, por consequência, é o resultado de um longo processo de maturação do *princípio inteligente* que estagiou e evoluiu nos reinos inferiores da Natureza, passando de uma ordem inferior para o estágio da razão e do livre-arbítrio. Nesse ponto passa a ser considerado Espírito – criado *simples e ignorante* –, e que vai percorrer a longa trajetória em busca do ápice da Perfeição".[1]

Nesse processo evolutivo, tornando-se Espírito (E, com letra maiúscula) surge o livre-arbítrio que se desenvolverá à medida que adquire consciência de si mesmo. O Espírito, de início, pode ser comparado a uma criança, sem experiência: vai adquirindo pouco a pouco os conhecimentos e a lucidez nas escolhas. Os Espíritos iniciam, assim, em relação ao livre-arbítrio, da estaca zero e, num crescendo, ampliam a maturidade de escolha. Questiona-se: Por que não isentar os Espíritos das provas e fazê-los perfeitos? "Se eles tivessem sido criados perfeitos, não teriam mérito para desfrutar das benesses dessa perfeição. Onde estaria o mérito sem luta?".[2] Ademais, o desenvolvimento do

---

1 Ler nosso livro *O poder da fé*, lição 3.
2 KARDEC, Allan. *O Livro dos Espíritos*. Questão 119.

livre-arbítrio é um processo infinito, razão pela qual, quanto mais adquirimos experiência, erramos menos, e, por essa razão, fazemos escolhas mais inteligentes.

Entendamos, pois, repetindo, que erros não acarretam castigos de Deus, como comumente se ouve nas pregações religiosas, mas tão-somente consequências dos nossos enganos ao longo dos anos... Então, escolher certo ou errado é prerrogativa do Espírito, a caminho da aprendizagem, sem qualquer interferência de Deus. Por isso, os coadjutores disseram a Kardec: "Já não haveria liberdade se a escolha fosse determinada por uma causa independente da vontade do Espírito. A sabedoria de Deus está na liberdade de escolha que deixa a cada um, pois cada um tem o mérito de suas obras".[3]

Reflita nesses dois parágrafos. Se não os entendeu, releia, pois eles são fundamentais, para compreendermos o texto sob análise: "A Deus tudo é possível". Pois bem, fizemos esse introito, embasado em *O Livro dos Espíritos*, para, então, poder perguntar: – "Você aceita o *livre-arbítrio*, ou *um Deus* escolhendo por você?" As duas respostas não podem ser aceitas ao mesmo tempo. Ou é uma, ou é outra. De nossa parte, não aceitamos a ideia judaica do *Deus-pessoa*, do

---

3   Idem, ibidem, questões 122-123, respectivamente.

Velho Testamento, uma entidade colérica, vingativa e malevolente, que comanda externamente a vida de cada criatura, válida naquele momento histórico, para aquele povo ainda embrutecido mas, sim, como uma "Inteligência suprema, causa primeira de todas as coisas" [4].

Precisamos parar de ver o paraíso como "um lugar", e entendê-lo como um "estado mental", pois "o Reino de Deus está dentro de nós". Atentemos para o detalhe: Se Deus escolhesse por nós, não teríamos responsabilidade alguma por nossos atos e, então, seria válido dizer que "Deus quis assim". Seríamos então, meros marionetes... Essa fantasia, no entanto é a que prospera na maioria dos meios religiosos tradicionais. Nunca somos responsáveis por nada; afinal Deus comanda tudo... Essa imagem de Deus 'apartado' de nós é alegórica, naturalmente; não faz mal, no entanto, que muitos O entendam assim, se é desse modo que O compreendem. Afinal, Deus tem a forma que cada um lhe dá...

Se entendermos Deus como um potencial, que nos disponibiliza tudo, e que o Reino de Deus é semelhante, entre tantas simbologias usadas por Jesus, a um *grão de mostarda*, em estado latente, podemos dizer

---

[4] KARDEC, Allan. *O Livro dos Espíritos*. Questão n.º 1.

que a "criatura pode tudo" que "nada lhe é impossível", pois Deus é o nosso próprio ser, ou dito de outra forma, que o nosso próprio ser é Deus, como fragmento d'Ele. Deus não está separado de nós. Essa ideia dualista, do "deus lá fora" é que trouxe toda essa confusão de um ser exterior monitorando os nossos passos, abafando o livre-arbítrio, uma conquista pessoal e intransferível de evolução do Espírito, rumo ao Infinito. Precisamos crer que, para evoluir, precisamos andar com os próprios pés. Nada de dependência. Deus está presente em nós, através de Leis gravadas em nossa consciência. Só que nem todos ainda podem assim entender.

Em nosso livro *A oração pode mudar sua vida* [5] comentamos a presença de Deus; oferecendo-nos tudo de forma ilimitada: "Figuremos uma corrente imensa, que jorra permanentemente luz e força, energia e calor. O convite é-nos feito para aproximar-nos e recolher quanto quisermos. Acontece, porém, que cada um só recolherá conforme o tamanho do vasilhame que levar consigo. Assim é a Lei de Deus, e os nossos pedidos em oração. Depende sempre da capacidade de cada um, para receber mais ou menos na sintonia com Deus. Pelo exposto, nasce o alerta de Jesus:

---

5   Ver lição 17.

– "Vós sereis julgados por vossas obras". Vale dizer: receberemos de acordo com o volume de nosso recipiente. Não obras, no sentido material, tão-somente, como às vezes, se interpreta. Um homem bom pode, todavia, externar, por amor ao próximo, em construções que abriguem os menos favorecidos, amainando os seus sofrimentos. Deve este ato, todavia, ser realmente a exteriorização de seus sentimentos e não para o aplauso da plateia".

É comum encontrarmos para-brisas de carros, portando decalques com esta frase: *Mas a Deus tudo é possível*. Essa frase é da Bíblia, representa o pensamento sobre Jeová. Nada contra isso. Quem assim procede crê que Deus irá, a certo momento, resolver os seus problemas de forma "milagrosa" por que Ele é poderoso! Isso funciona como sugestão, e se a pessoa mudar de atitude pode acontecer o "milagre", não porque Deus modificou Suas Leis para atender você, mas porque você mudou! Outros pensam que com essa manifestação de fé, encontrarão segurança diante dos perigos. – "Deus vai me proteger", pensam... Esse é o entendimento que, de um modo geral, domina. Essa crença no poder discricionário de Deus está inscrita na cultura e na consciência mitológica de cada um de nós, emanada do Deus Jeová dos Judeus, que o Cristianismo, de um modo geral, adotou. Quando ocorre um desastre, o que se salvou, argumenta que foi a "mão de Deus" que impediu a sua morte. E os que morreram, foram abandonados? Esses argumentos são místicos e sem qualquer lógica. Deus não interfere decretando quem deve e quem não deve morrer. Como espírita, entendemos que a morte é a do corpo, pois o Espírito continua a viver. Deus criou Leis e elas se cumprem de acordo com a nossa conduta individual ou coletiva.

Por outro lado, temos o Deus ensinado por Jesus de Nazaré; Ele está dentro da própria criatura, mas as igrejas continuam insistindo, até por interesse, que Ele está no céu, num lugar distante de nós, e que só iremos para lá, após a morte. E o agravante, que só iremos para lá, "através" delas. Isto afasta a criatura do Deus interno, sempre disponível, sem distinção de raça, cor, filosofia ou crença. A esse Deus, "tudo é possível" se fizermos a nossa parte, sintonizando com Ele, através de nossas ações. É a Ele que devemos recorrer, conforme ensinou Jesus: – "Mas tu, quando orares, entra no teu aposento e, fechando a tua porta, ora a teu Pai que está em secreto; e teu Pai, que vê em secreto, te recompensará publicamente". [6] Diante de

---

6   Mateus, 6:6.

nossas dores e nossos rogos, nos momentos de solidão e padecimentos é, geralmente, no *silêncio* de nossos aposentos mentais que falamos com Deus, a qualquer momento. Não é preciso morrer para ter com Ele, lá no distante e mitológico céu...

Ele nunca deixou de estar conosco. Nós é que, não raro, nas horas dos excessivos arroubos, d'Ele nos distanciamos, às vezes prejudicando, primeiro, os nossos irmãos e, depois, em razão disto, a nós mesmos. De quem é a culpa? Com a dor aprendemos a pautar dentro da Lei de Deus todos os atos, as palavras, os pensamentos.

Assim, a "Deus tudo é possível", sob a ótica do *ajuda-te que o céu te ajudará*! O grande milagre é implantarmos o Reino de Deus em nós, trabalhando para o desabrochar dos potenciais divinos. A vida nos foi concedida para desenvolvermos a nós mesmos, e isso depende do nosso viver.

16. REFUGIANDO EM DEUS

"[...] e, garantindo o teu próprio descanso, refugia-te em Deus".

Em todas as épocas da Humanidade encontramos a criatura, diante do desespero e da impotência na solução dos problemas, rogando a Deus que a "salve", que a livre dos perigos, proteja contra os inimigos, concedendo-lhe libertação, livre-a da perseguição, e coisas desse gênero. O homem, no mundo judaico-cristão, no qual estamos inseridos, lança mão de diversos recursos para que Deus o proteja: leitura de salmos, orações, louvor, procissão, promessas, queima de velas, incensos, jejuns e tantos outros, tudo para "agradar a Deus", no atendimento de seus rogos.

No entanto, nem sempre Sua resposta atende ao pedido. Muitos chegam a questionar Sua existência, ou onde Ele está que não se manifesta? Quem consegue solução ao seu problema, pensa logo que Deus o atendeu, no seu caso particular. Mas por que atende a uns, e a outros, não? Na linguagem bíblica diz-se que Deus "não faz acepção de pessoas"... Para entender essa mecânica, precisamos rever conceitos e valores, cultivados ao longo dos tempos. Cada existência é uma nova oportunidade para dilatar os potenciais divinos. O Deus imaginado pela grande maioria é o deus-pessoal, ou antropomórfico. Ele está apartado da criatura, localizado em algum lugar no paraíso, de onde comanda tudo: premia quando acertamos, e castiga quando erramos. No entanto, as respostas positivas aos nossos pedidos, embora se atribuam a esse Deus-externo, é força pessoal ligada à fé. É o que nos informava Jesus, quando alguém alcançava cura em sua presença: – "Foi a tua fé que te curou..."

Seria tudo muito fácil, se realmente o *"pedir* e *obter"* fosse mero ato gratuito e formal, sem qualquer esforço pessoal.[1] Para refugiar-se em Deus, existe uma

---

1   Ver nosso Livro *A oração pode mudar sua vida*.

condição: A vontade na melhoria de conduta. Ela é a voz de comando de nossas ações, administrando todos os setores da ação mental. Enquanto se permanece em desarmonia, sem a decisão de eliminar os entulhos mentais adquiridos ao longo dos tempos, há uma natural obstrução à sintonia divina. Na oração do Pai Nosso, pedimos "perdoa as nossas ofensas, *assim como* perdoamos os nossos ofensores..." Há uma condição para o perdão, sem qualquer sentido de gratuidade. Somente pela expulsão das emoções negativas retidas, criamos condições íntimas para que o Pai flua através de nossos canais, com Sua energia de amor. Só quando tivermos perdoado (libertado das emoções doentias) que ainda retemos no coração – não importa qual o motivo – é que estaremos prontos para receber, na mesma proporção o amor de Deus. Assim, não basta apenas "pedir" para encontrarmos refúgio n'Ele, é preciso criarmos "créditos", fazendo o melhor que pudermos.

Entendamos, por essa ótica, que Deus não *age por nós*, mas *age em nós*, através de Suas leis. Pelo exercício no bem, e desvestindo-nos, passo a passo, das imperfeições, exercitamos, na mesma proporção, a capacidade de sentir e sintonizar com o Absoluto. Com o tempo, adquirimos uma visão mais ampla do mecanismo desse funcionamento e compreendemos que Deus não faz "milagres", e que não se sensibiliza por palavrórios chorosos ou gestos espetaculares... Pelo esforço que empreendemos na melhoria de comportamento é que implantamos silêncio em nossa intimidade, e obtemos credibilidade pessoal para nos refugiarmos em Deus.

Quem bem retrata essa mecânica de conexão e refúgio com a Essência Divina é o cantor e poeta Gilberto Gil, um dos grandes intérpretes da música popular brasileira, ex-ministro do Presidente Lula, com a poesia musical, *Se eu quiser falar com Deus*. Como a letra aborda exatamente o conteúdo de nossas reflexões, julgamos de bom alvitre, na conclusão deste livro, inserir a letra da música para a interpretação pessoal de cada um.

    Se eu quiser falar com Deus
    Tenho que ficar a sós
    Tenho que apagar a luz
    Tenho que calar a voz
    Tenho que encontrar a paz
    Tenho que folgar os nós
    Dos sapatos, da gravata
    Dos desejos, dos receios
    Tenho que esquecer a data

Tenho que perder a conta
Tenho que ter mãos vazias
Ter a alma e o corpo nus
Se eu quiser falar com Deus
Tenho que aceitar a dor
Tenho que comer o pão
Que o diabo amassou
Tenho que virar um cão
Tenho que lamber o chão
Dos palácios, dos castelos
Suntuosos do meu sonho
Tenho que me ver tristonho
Tenho que me achar medonho
E apesar de um mal tamanho
Alegrar meu coração
Se eu quiser falar com Deus
Tenho que me aventurar
Tenho que subir aos céus
Sem cordas pra segurar
Tenho que dizer adeus
Dar as costas, caminhar
Decidido, pela estrada
Que ao findar vai dar em nada
Nada, nada, nada, nada
Nada, nada, nada, nada

Nada, nada, nada, nada
Do que eu pensava encontrar

Nem sempre entendemos o recado que a Natureza nos transmite quando do surgimento da dor. Precisamos refletir para que detectemos o que ela quer nos dizer. Temos que aceitá-la como 'alarme" de que algo está em dissonância com a Lei. Ela sinaliza que algo não anda bem conosco, e tem a função de corrigir-nos como o cinzel que dilapida o mármore bruto do coração. Tendo a dor como "sinalizadora" de nossas desarmonias, deixamos de vê-la como inimiga, mas como corretora de nossos erros, ajudando-nos no processo de aperfeiçoamento. Temos que aceitar a dor, 'buscando solucioná-las', sem revolta, porque afinal, é ela que nos harmoniza com nós mesmos, permitindo, assim, pela sintonia vibratória, falar com Deus... A título de curiosidade, você sabe como a ostra se transforma em pérola? Vale a pena refletir...

A OSTRA E A PÉROLA

Pérolas são produtos da dor; resultados da entrada de uma substância estranha ou indesejável no interior da ostra, como um parasita ou grão de areia.

Na parte interna da concha, é encontrada uma substância lustrosa chamada nácar. Quando um grão de areia a penetra, as células do nácar começam a trabalhar e cobrem o grão de areia com camadas e mais camadas, para proteger o corpo indefeso da ostra.

Como resultado, uma linda pérola vai se formando.

Uma ostra que não foi ferida, de modo algum produz pérolas, pois a pérola é uma ferida cicatrizada.

O mesmo pode acontecer conosco. Você já se sentiu ferido pelas palavras rudes de alguém? Já foi acusado de ter dito coisas que não disse? Suas ideias já foram rejeitadas ou mal interpretadas? Você já sofreu o duro golpe do preconceito? Já recebeu o troco da indiferença?

Então, produza uma pérola!

Cubra suas mágoas com várias camadas de amor.

Infelizmente, são poucas as pessoas que se interessam por esse tipo de movimento.

A maioria aprende apenas a cultivar ressentimentos, mágoas, deixa as feridas abertas e alimenta-as com vários tipos de sentimentos pequenos e, portanto, não permitem que cicatrizem.

Assim, na prática, o que vemos são muitas "Ostras Vazias", não porque não tenham sido feridas, mas porque não souberam perdoar, compreender e transformar a dor em amor.

Um sorriso, um olhar, um gesto, na maioria das vezes, vale mais do que mil palavras.

Mesmo diante das mais difíceis provações, que nos pareçam sem solução, com o auxílo de amigos encarnados (médicos, psicólogos, orientadores religiosos, amigos solícitos etc.) e de amigos desencarnados, lutemos para resolvê-las sem revolta, seguindo em frente, procurando auscultar o coração para decifrarmos as causas dos problemas que estamos enfrentando. Encontrando os motivos, guardemos alegria, pois seremos vencedores, no devido tempo. Buscando, nas estradas internas, as respostas aos nossos sofrimentos, conseguiremos, no devido tempo, a vitória sobre nós mesmos. Embora ainda percorramos um bom tempo para alcançar os objetivos propostos, sigamos em frente, pois estamos todos destinados à ascensão, no reajuste com as Leis Divinas. Caminhar sempre na estrada da renovação interior. Não haverá fim da Vida, mas fim de uma etapa no corpo, pois a Vida é imortal. Eterno só Deus!... No corpo ou fora dele, estamos continuamente a caminho da evolução; por isso, procuremos, a cada passo, refugiarmo-nos em Deus, esperando e confiando, porquanto, ainda mesmo quando nos suponhamos a sós, em meio de tribulações incontáveis, Deus está conosco, e com Deus, venceremos.

REFERÊNCIAS BIBLIOGRÁFICAS

A BÍBLIA DE REFERÊNCIA THOMPSON, *Antigo e Novo Testamento*. 2. ed. brasileira.Tradução de João Ferreira de Almeida. São Paulo: Editora Vida, 1992.

BOBERG, José Lázaro. *A oração pode mudar sua vida*. 3.ed. Capivari-SP: EME, 2008.

_____. *Filhos de Deus*. 3.ª ed., Capivari-SP: EME, 2006

_____. *Nascer de novo para ser feliz*. 4.ª ed. Capivari-SP: EME, 2005.

_____.*O código penal dos espíritos – a justiça do tribunal da consciência*. 3.ª ed., Capivari-SP: EME, 2007.

_____. *O segredo das bem-aventuranças.* 2. Ed., Capivari-SP: EME, 2009.

_____. *Poder da fé (O)* 3.ª ed., Capivari-SP: EME, 2003.

_____. *Prontidão para mudança.* 2.ª ed. Capivari-SP: EME, 2007.

BONDER, Nílton. *Código penal celeste.* 4. ed. Rio de Janeiro: CAMPUS, 2004.

KARDEC, Allan. *O Céu e o Inferno*, tradução de J. Herculano Pires. 37 ed., São Paulo: LAKE, 1990.

_____. *O Evangelho segundo o Espiritismo.* Tradução de João Teixeira de Paula, introdução e notas de J. Herculano Pires, 12 ed., São Paulo: LAKE, 1990.

_____. *O Livro dos Espíritos.* Tradução de J. Herculano Pires, 73 ed., Rio de Janeiro: LAKE, 1993.

XAVIER, Francisco Cândido. *Agenda cristã*, pelo Espírito André Luiz. 1. ed., Rio de Janeiro: FEB, 2009.

_____. *Caminho, verdade e vida*, pelo Espírito Emmanuel. 23. ed., Rio de Janeiro: FEB, 2003.

_____. *Ceifa de luz*, pelo Espírito Emmanuel. 1. ed., Rio de Janeiro: FEB, 2006.

_____. *Ideias e ilustrações*, pelo Espírito Neio Lúcio. 4.ed., Rio de Janeiro: FEB, 1987.

_____. *Mecanismos da mediunidade*, pelo Espírito Emmanuel. 11.ed., Rio de Janeiro: FEB, 1990.

_____. *Nosso lar*, pelo Espírito André Luiz. 60. ed., Rio de Janeiro: FEB, 2008.

_____. *Palavras de vida eterna*, pelo Espírito Emmanuel. 33. ed., Rio de Janeiro: FEB, 2005.

_____. *Pão nosso*, pelo Espírito Emmanuel. 27. ed., Rio de Janeiro: FEB, 2006.

_____. *Pensamento e vida*, pelo Espírito Emmanuel. 9. ed., Rio de Janeiro: FEB, 1991.

Conheça também do mesmo autor

• •

O segredo das bem-aventuranças
16x23 • 336p.

Quem não busca a paz e a felicidade? O autor procura mostrar, ao longo desta obra, que todos temos o potencial da perfeição permitida ao ser humano. Mostra o que devemos fazer em nossa jornada evolutiva, para merecer as bem-aventuranças prometidas por Jesus em seu célebre Sermão da Montanha, enfatizando com convicção que precisamos apenas colocar em prática as mudanças de atitude propostas pelo Mestre.

O código penal dos espíritos
14x21 • 192p.

Este livro nos ajuda a refletir sobre as Leis Divinas, perenes, justas e, ao mesmo tempo, Leis de Amor Supremo, misericordioso, clemente, gravadas desde sempre e para sempre na consciência de todos, quais bússolas a indicar ao caminheiro a Rota segura, para encontrar a verdadeira (ainda que relativa!) felicidade que consiste na vibração harmônica com o Criador.

Não encontrando os livros da EME na livraria de sua preferência, solicite o endereço de nosso distribuidor mais próximo de você através do Fone/Fax: (19) 3491-7000 / 3491-5449.
E-mail: vendas@editoraeme.com.br – Site: www.editoraeme.com.br